いつでも「5分で片づく」家になる

「もたない暮らし」の始め方

riamo*

はじめに

本書を手にとってくださり、ありがとうございます。

10年以上書き続けているブログ「やさしい時間と、もたない暮らし」。

私がこれまでにやってきた「モノをもたない暮らし」を、1冊の本にまとめました。

「片づけても片づけても元どおり」「めんどくさくて片づけがイヤ！」「もったいなくて捨てられない……」。そんな方々に少しでもお役に立てたらと、私の経験や体験をお伝えしていきたいと思います。

ブログの読者の方から、

「ブログを読んで、やっとモノを捨てられるようになりました」

「もたない暮らしが目標、憧れです」

と、大変ありがたいことに、コメントやメッセージをお寄せいただくことが多くなってきました。

なかには「部屋が片づかなくてイライラ。やさしいお母さんになりたい」とのお悩みも……。

そのすべては、「もたない暮らし」で解決します。

もたない暮らしは、使っていないものを処分して、ガラクタのないお気に入りのものに囲まれる暮らし。そして、簡単に掃除ができる……。良いループがグルッと回り出します。

そして、部屋がキレイになると、家族も笑顔になることでしょう。


もし、毎日の暮らしにうんざりしているのなら、それは散らかった部屋、何度片づけても片づかない部屋で暮らしを楽しめなくなっているせいかもしれません。

モノに対する小さなこだわりが、暮らしを楽しむことにつながります。

私の毎日は、どこにでもありそうな普通の1日。

だからこそ、毎日が特別な1日として、暮らしを楽しみたいと思っています。


めんどくさがりな方、大雑把な方、大歓迎!

私も一緒です。

めんどくさがりやさん、大雑把さんでもできる「もたない暮らし」の始め方を、本書で見つけていただけると幸いです。

コーヒーでも片手に、ゆるりとお読みくださいませ。

そして、暮らしのヒントが見つかりますように……。

CONTENTS

2章 さあ、いらないモノを捨てていきましょう

3章 二度と増やさない、モノを持つ基準

5章 いつでも「5分で片づく」家になる

6章 もたない暮らしのシンプル掃除術

1章
私が「もたない暮らし」を始めた理由

1

「めんどくさがり」だから、もたない暮らし

・雑貨につくホコリとり、モノを移動させて掃除機がけ…

「あ〜めんどくさ」。ついつい口をついて出るマイナス言葉。

やりたくないことはやらないをモットーに、自他ともに認める「めんどくさがりや」。

好きな言葉は、一石二鳥。

何もない部屋を掃除するのは好きだけれど、モノを移動して掃除機をかけるのはめんどくさい。

洗濯物を干すのは好きでも、たたむのは正直めんどくさい。

だけど、めんどくさいからといって、何もしないわけにはいかない。

めんどくさいが積み上がっていくと、もうどうにもならなくなって、時間だけがふくらんでいくことになる。

だったら、めんどくさいことを、めんどくさくないように、ラクに簡単に家事をこな

したい……。

そんな私だから、たどり着いた究極の選択「もたない暮らし」。

「モノをなくせば、めんどうなことから解放される！」なんて単純な考えですが、これがけっこう気に入っています。

ホコリをかぶらないように、雑貨は飾らない。

モノを移動して掃除ができないから、モノを置かない。

少しずつモノを減らして工夫して、前よりずっと暮らしやすくなりました。

「もたない暮らし」と言えば、ミニマリストさんのように、布団は寝袋とか、冷蔵庫すらないストイックな暮らしや、独居房のような部屋を想像される方もいらっしゃるかもしれません。

わが家には、空気清浄機や除湿機、布団乾燥機など、暮らしを豊かにする便利なものもあります。「もたない暮らし」と言っても、わりと何でもあるのです。

では、いったい何を持たないのでしょうか？

・家事を複雑にしない

私の考える「もたない暮らし」は、「〝今、使っていないもの〟を排除していく暮らし」です。

忘れられたものが収納棚に眠っていないでしょうか？　使っていないのに、もったいないと言い訳をして、「捨てない選択」をしていないでしょうか？

たくさんの服があれば、大きな収納ケースを抱えて、衣替えが必要になる。さーっと拭き掃除がしたいのに、モノがあふれているせいで、簡単に掃除ができない。

モノが多いせいで、がんじがらめになって、暮らしが複雑になってしまいます。

モノが多ければ多いほど、すべてのモノを使いこなしているかといえば、たいていの場合そうでないと思うのです。

欲しくて買ったものを手にした瞬間から、もう次のものに目が向いてしまう。そうやってモノを増やしていき、今度は、選ぶことにめんどくささを覚えてしまう。

たくさんのバッグの中から、今日の服に似合うバッグを探す。

あふれたクローゼットから、今日着ていく服を探す。

たくさんモノがあるがゆえに、迷いが生まれてしまう……。


モノを持たなければ、選ぶことのめんどうも省くことができるのです。

「こんなのあった？」とか「これ、いつ使った？」とか、持っているものを忘れてしまう。そんなふうに使っていないものを、削ぎ落とし、排除していくのが、私の考える「もたない暮らし」です。


めんどくさがりのくせに、家事を複雑にするから、掃除が行き届かなかったり片づけを後回しにしてしまいます。

キレイ好きや几帳面であることが、部屋をキレイに保つのに必要なことではありません。めんどくさがりには、めんどくさがりなりの方法があるものです。

片づけが苦手、片づけが嫌い、片づける時間もないなら、モノを減らせば解決します。

2 部屋が片づかない唯一の理由は「モノが多すぎる」こと

・片づけられない自分を責めなくていい

片づけでお悩みですか？

もし自分のことをズボラだとか、めんどくさがりだとか、片づけが苦手と思っているなら、それは片づかない理由ではありません。どうか、片づけられない自分を責めないでください。

「片づけられない」とストレスを抱える必要ないよと、私は大きな声で言ってあげたいのです。

片づけても、片づけても、すぐに元どおりになるのなら、モノをできるだけ少なくすればいい。

少し前まで、モノを買うときは、電車に乗って、欲しいものをあちこち探し回り、やっと購入できました。

今は、電車の中でも、夜中でも、24時間インターネットでお買い物ができます。検索機能のおかげで、欲しかったものが誰かの口コミとともにすぐに見つかり、ワンクリックで翌日には玄関まで届きます。

100円ショップに行けば、こんなものが100円！とびっくりするようなものが売られ、安く手に入るようになりました。大量生産のファストファッションは、低価格で服が買え、クローゼットがあふれかえる原因になっています。

情報あふれる時代で、モノが簡単に安く買えてしまうから、モノが増えていくのは仕方のないことかもしれません。

・簡単に買えてしまうから簡単にモノが増える時代

部屋が片づかない、たったひとつの理由は、モノが多すぎること。

あなたの努力が足りないとか、性格とか、そんな問題ではないのです。

簡単に買えてしまうから、簡単にモノが増えていく。

そして、まだ使える、もったいないと、なかなか捨てない。

買った分だけ捨ててしまえば、モノは増えないはずだけど、そう徹底できるものではありません。そうして知らぬ間に、家の中に使っていないものが溜まっていくのです。

でも、厄介なのは、自分の家にモノが多いことすら気がつかないこと。

冷蔵庫にペタペタ貼った期限切れのクーポン。玄関には折れた傘。使っていない水筒やお弁当箱。履いていない靴。着ていない服。クローゼットの奥のバッグ。

大量のタオルがあったり、引っ越してきたときの段ボールが、そのまま置き去りになっていたり。ダイニングテーブルに、ちょい置きのモノの山ができていたり……。

毎日見ているから、これが普通の光景になってしまう。モノがあふれているのが当たり前と思ってしまうのです。かつてのわが家がまさにそうでした。

・床や家具の上に何もないだけでスッキリ見える

我が家に遊びにくる人は、「何にもない！」「スッキリ片づいている」とびっくりされます。

リビングダイニングは低い家具で。視線を遮ることなくスッキリ見えます。頭上にあるのは簡易的な神棚、家族の安全を祈願します。

片づいているのではなく、モノがないから、片づいているように見えるだけなのです。

今は「何もない」ことが当たり前で、特別違ったことをしている感覚はなかったけれど、見る人が見れば、それは変わった暮らしなのかもしれません。

リビングの床に雑誌が置いてあったり、テーブルの上に新聞が置きっぱなしになっていたらどうでしょう？

たったそれだけのことで、乱雑に散らかって見えるもの。

何も置かないだけで、片づいていると感心されるようになるのです。

片づかない理由が「モノが多すぎる」ことなら、
片づけの方法は「モノを減らす」こと。

まずは、今の状況を自分自身で理解することが大切です。

自分の当たり前は全然、当たり前じゃなかったことに、早く気がつくこと。

そもそも、モノがなければ、片づけの必要もなくなります。

3 「収納術や収納グッズで片づく」は妄想でした

・突っ張り棒やS字フックで収納力アップ…

かつて、収納術が流行ったことがありました。連日のように、テレビや雑誌で取り上げられていました。

牛乳パックの空き箱で、引き出しの中もたっぷり収納。

狭い隙間には、突っ張り棒で、S字フックで引っ掛け収納。

壁面には、ワイヤーラック。ありとあらゆる場所にモノが置ける！ こんなところにもまだ置ける！

当時の私は衝撃を受けました。収納術に影響を受けて、家の中のあらゆる場所で試しました。

ソファの下にトレーを入れ、読みかけの雑誌を収納したり。カラーボックスにカフェカーテンをつけて、隠すだけの収納をしたり……。

モノを押し込めるので、一見片づいたように見えます。片づいているのではなく、視界から一瞬見えなくなっただけに過ぎないのです。スッキリは長続きしません。いつの間にかモノがあふれて、また収納グッズを買ってくる。そして、気がつくのです。

「収納で片づく」は、妄想に過ぎないことを……。

もたない暮らしを始めて、たくさんの使っていないものを処分しました。モノを捨てると収納グッズが不要になりました。はじめからモノを捨てておけば、そもそも収納グッズなど必要でなかったのです。

捨てられないからと、収納にモノを押し込んで、捨てることを先延ばしにする。ただ、モノを下から上に、右から左に、移動させただけなのです。移動させるだけなので、何の解決にもなっていなかった……。

収納術では、片づきません。

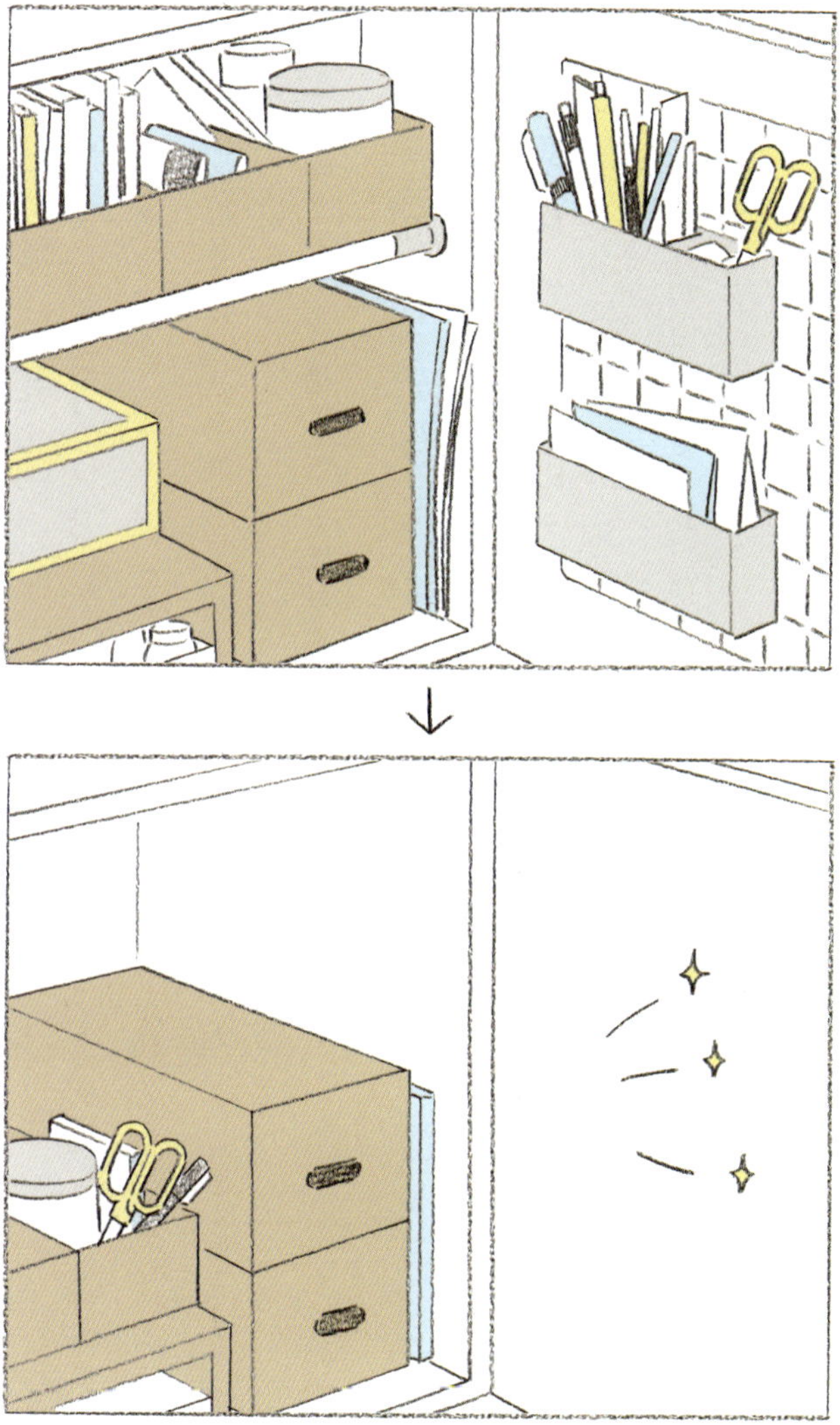

収納術を駆使するより、モノをなくした方が早い。

まずは、捨てること。そして、残ったものを取り出しやすく、使いやすくするために、ここで初めて収納術を使います。

クローゼットに服が入らないと、新しい収納ケースを買ってくる前に。まずは、今あるものが本当に必要なものなのか、見極めてみてくださいね。収納ケースに押し込んでも、いつかそのケースから服がはみ出して、また同じことの繰り返しになりかねません。

・収納より捨てること。捨てることより選ぶこと

私は、収納術を取り入れたことによって、部屋が整うまでに随分と遠回りしたなと感じています。

小さい頃から、モノを大切にしなさいと言われて育ちました。捨てるなんて罪だというのも、ごもっともなご意見です。けれども、使っていないものを収納して家の中にただ眠らせておく方が、どれほどもったいないことか……。

捨てることに罪悪感がないのか?と問われれば、そうではありません。

もちろん痛みも伴います。でも、その痛みを感じるからこそ、次にモノを選ぶときは、

より慎重になります。今まで自分が捨てたものは、どんなものだったのか?を考えます。それは、「これで、いっか」と選んだもの、「これ、安い!」と飛びついたもの、誘惑に目がくらんだ衝動買い……。

モノを捨てる一方で、ちゃんとしたものを選ぶ目を持っていないと、また罪悪感を感じながら捨てることになります。

捨てることより、実は、モノを選ぶ方がずっと難しいのです。

「迷う理由が値段なら買え。買う理由が値段ならやめておけ」

という言葉があります。

安いからと買っていては、またモノが増えていく。迷う理由が値段だとしたら、ちょっと頑張って、時間がかかっても手に入れる。そうすると、大切にしたいものに囲まれるようになります。お手入れの手間を惜しまない、長く使えるものが選べるようになります。

モノを最後まで使い切る。いつかは「捨てない暮らし」が目標です。

4 モノを捨てるメリットはこんなにある

・「1ヵ月76分」の探し物の時間が減る

1ヵ月　76分
1年　912分
人生80年　72960分

何の時間かおわかりになりますか？　これは、人が一生で探し物に費やす時間です。

家の鍵がない、スマホがない、明日提出の資料がない……。

ないない。お心当たりありますか？

さっき、ここに置いたはずなのに、たしか、この中に入れたはずなのに……。

……はずなのに、ない。みなさんご経験があることと思います。見つかるまで、ずっとモヤモヤを抱えて、何も手につかなくなる。それが大切なものであればあるほど、焦りますよね。

モノを捨てるメリットは、モノを探し回る時間をうんと減らせることです。

先日、キッチンの壁紙をセルフリフォームしました。いつも何もないリビングに、家具やモノを移動して、足の踏み場もないほどになりました。おもちゃ箱をひっくり返したような、ごちゃごちゃとした状態です。

すると、いつもは何かを落としても、何かを置いてもすぐに見つかるのに、この日に限っては、あれがない、これがないと、ずっと探し回っていたのです。

モノが多いだけで、こんなにも探す時間が増えるのかと、実感しました。

ごちゃごちゃとした環境では、頭の中もとっ散らかってしまいます。

1ヵ月・76分は、1時間16分。

これだけの時間を、探し回る時間に使っているなんて、もったいないことです。

モノが減ったら、もったいない時間も減る。

さて、この1時間16分に、あなたは何をしますか?

・掃除が早く終わる

掃除がラクに簡単になることも、モノを捨てるメリットです。

子どもの頃の、学校の掃除当番。教室は机や椅子がたくさんあって、掃除がしにくくありませんでしたか？　まずは、机や椅子を移動するところから始めていましたね。

一方、何もない体育館は、端から端まで、ざーーーっと雑巾がけができる。

家でも同じことが言えます。何もない部屋は、掃除もラクに簡単になります。スッキリキレイになって気持ちいいと思う掃除は、みなさん嫌いでないと思うのです。嫌いになる理由は、何かを移動して掃除をすること。そのちょっとしためんどくささが、掃除を複雑にしてしまうのです。

・吟味して買うようになり、お金が貯まる

モノを捨てるもうひとつのメリットは、お金が貯まること。

「貯まる」とは少し大げさかもしれませんが、お金を使わなくなる結果、お金が貯まる

と言っておきましょう。

安く簡単に買えてしまうことで、どんどんモノを増やしてしまう。

でも一度、家中のモノを見直し、もたない暮らしを始めると、100円ショップのものでさえ、これが本当に必要なものなのか、よく考えるようになります。100円だから、まぁいいよね～という考えがなくなります。その思考の変化は、モノを減らしたことによる最大のメリットだと思います。

さて、最後に、デメリットについてもお話ししておきます。

捨てなきゃよかったという話をお聞きします。一度、片づけを始めると、何でもいらないと気分が高まって、何も考えずにポイポイ捨ててしまうことがあります。

お金を出せば買い直せるものならまだしも、二度と手に入らない思い出の品は、慎重に行ってください。

私自身は、捨てるデメリットをあまり感じることがありません。メリットの方が、うんと大きく感じるからです。モノに対して執着心がないからなのかもしれません。

5

「あなたが死ねば全部ゴミ」。今のうちに自分で始末を

・「いつか捨てよう」ではなく、今日が一番若い日

人が亡くなるとき、残していくものの9割は、いらないものだそうです。

「あなたが死ねば全部ゴミ」

なかなかピリッとする言葉です。

人は、何かを持って生まれてくることも、何かを持って死んでいくこともできません。大切にしていたコレクションも、主を失えばたちまちゴミと化してしまう。あなたがもったいないと捨てられずにいた、そのモノもゴミになるのです。

自分が死んだ後のゴミを、誰が処分してくれるでしょうか？

その答えは、自分以外の誰かです。

家族のいる方は、家族がその片づけを負うことになるでしょう。

捨てられずに先延ばしにしたガラクタを見て、家族は偲んでくれるでしょうか？　途方に暮れる家族の姿が目に浮かびます。

いつか捨てよう、いつかいつかと言っているうちに歳をとり、1人では何もできなくなる。

重いものも運べず、高いところも手が届かない。

そうなってからでは、時すでに遅し。

「いつか使うかも」の「いつか」なんて、なかなかやって来ません。

判断は、今使っているか、使っていないか。たったこれだけです。

見て見ぬ振りはもう終わりにして、若いうちに片づけをやっておく。

「今日」が一番若い日には、違いないのだから。

・遺品整理を子どもたちにさせたくない

「捨てる」ことをいつも思って、暮らしていると言ったら笑われますか？

私は40代ですが、自分が死んだ後のことを考えています。

そんなことを言ったら、たいてい笑われます。口を揃えて、「まだ早い！」と……。

でも、私は至って真面目なのです。

将来、私の片づけをする2人の娘のために、スーツケースひとつまでとはいかなくても、使わず捨てられず先延ばしにするものは残さない。キレイさっぱりと、できるだけ身軽に暮らしたいと考えています。


私も娘の立場だからわかる、親のモノの片づけの大変さ。

突然、施設へ行くことになった母。実家を片づけた経験があります。

もう何年も着ていない服、箱に入ったままのお客様用の食器、新品のタオル。うっすらホコリがかぶったものがたくさんありました。

親世代が、口を揃えて言う「もったいない」。

もったいないからと、使わないものをずっと溜め込んで、捨てることを知らない世代。くたびれたタオルを使って、新品のタオルは、物置に。私から見れば、使っていない方がずっともったいないことだと思うのだけど、生きてきた時代が違うから仕方ない。

実家の片づけは、自分の時間もなくなり、仕事も休まなければいけなくなって、気持ち的にも体力的にも本当に大変でした。

娘たちにはそんな思いをしてほしくない。娘には娘の人生を華やかに送ってほしい。

親のガラクタを処分させるなんて、私は絶対に嫌だ……。

「私が死んだら全部捨てて」なんて、捨てられないものを後回しにする方法もあるけれど。子どもの立場からすれば、たまったものではありません。


自分のものは、自分で処分しておく。

自分で考え、行動できる今このときに、必要なものを選び、不要なものの処分をやっておくのです。

2章

さあ、いらないモノを捨てていきましょう

1 片づけはキッチンから始めるのがいい理由

・思い出にひたるものがない

捨てるぞ！やるぞ！と、ついにやる気になっても、いったいどこから始めればいいか迷ってしまいますね。

クローゼットから片づけるといいと聞き、試してみたことがあります。たくさんあった服を、迷いながら片づけて、いざ、夕食の準備に取りかかろうとすると、あれ、なんだか違う。スッキリしたはずなのに、どこかスッキリしない。

1日かかって片づけたはずなのに、全然、片づいていない。もしかすると、片づけの順番、間違えた?と思ったのです。

もし、この本をお読みいただいているのが、主婦の方でしたら、キッチンから始めるといいですよ。朝食を作ったと思えば、もう今夜の夕食のことを考える。一番長く過ごす場所だから、ここがキレイに片づいていると、料理をするのも楽しくなります。主婦の城のキッチンは、片づけの主導権を握れて、他の人に惑わされず、捨てるものを決めることができます。キッチンを突破口として、やる気を加速していってください。

片づけを始めると、昔のアルバムを発見して、思い出にひたり、卒業アルバムを見れば、あの頃の懐かしい思い出が蘇る。せっかくやる気になって始めたのに、ぺたんと座り込んで思い出の品を眺めて、気がつけば陽が傾き始めている……。

1日があっという間に終わってしまったこと、誰でも一度は経験がおありだと思います。キッチンには、思い出にひたるものがないので、片づけが一番はかどりやすい場所です。

アルバムを開くのは、最後。キレイになった部屋で思い出を語りましょう。

・いる・いらないの判断がしやすい

まずは、キッチンから捨てぐせをつけていきましょう。

冷蔵庫や食品庫は、捨てる練習になります。

服なら、捨てようか捨てないか、迷いとの戦いになりますが、食品には賞味期限、消費期限があります。きちんと日付まで書いてくれているから、捨てる判断が容易になります。

包丁は包丁差しに。ボウルは収納棚に。キッチンツールは引き出しに。

元に戻す場所が決まっているから、キッチンは片づけがしやすい場所です。

それぞれの収納場所があふれてきたら、片づけの見直しをしましょう。

私の場合は、キッチンから始めるといいと感じましたが、一番長く過ごす場所、もしくは、一番気になっているところから始めるのもいいでしょう。

1日の疲れを癒すバスルーム、家の顔でもある玄関……。

キレイになったらうれしい場所、一番モチベーションが上がる場所から、あなたのやり方、方法を見つけてみてください。

2

まずは引き出しひとつ、中身を全部出してみる

・お財布でも効果的

小さな子がいたり、忙しい仕事を抱えていたり、親の介護があったり……。目の前の暮らしに一生懸命で、とても片づけまで手が回らないこともあります。

それでも、家が片づかないと、もやもやを抱えているなら、引き出しひとつの片づけをやってみてください。

いらないものを抜き出す作業ではなく、引き出しをひっくり返して、モノをすべて出す作業から始めます。

引き出しの中には、何が入っていますか？

一生かかっても使い切れない消しゴムとか、どれだけメモするの？というくらいのメモ帳とか、大量のクリップ。他にも、使っていないお弁当グッズなどなど。

そこから今、使っていないものを省き、元に戻す。抜き出すより、すべて出してしまう方が、全体像がわかりやすくていいのです。

引き出しひとつですが、片づいたときには、もやもやは消えてなくなっていることでしょう。

引き出しすら難しければ、お財布も効果的です。毎日目にするものなので、レシートや期限切れのクーポンがなくなるだけでも、スッキリします。その場合もいったん、すべて出すところから始めてください。

やりたいときにやれないから、ストレスを抱えてしまうのです。

私にも経験があります。介護と仕事が重なって、自分の暮らしをゆっくりと見つめ直すことができなくなりました。ただ目の前のことだけを一生懸命にやって、時が過ぎていくのを待つ状態。

時間がないから、最低限のことをこなすのに精一杯でした。

なぜか、片づける時間がないときに限って、片づけたくなる。試験勉強の前日に、部

片づけのとっかかりには、手をつけやすい小さなところから。ひとつキレイになれば、自信も生まれます。

屋を掃除したくなる心境に似ています。片づけたいという思いだけはふくらんで、それができないことに、もやもやする。
小さな引き出しの片づけが、私を日常へと連れ戻してくれました。

片づけは、私の心の安定剤のようなものです。忙しい毎日で、できないことを思い浮かべるより、わずかでもできたことを思いましょう。
忙しいは「心を亡くす」と書きますが、心をなくしてしまわないように、ちょっとした片づけで毎日を取り戻してください。

3 迷ったら、5つのステップで捨てていく

・ゴミ、期限切れ、長年不使用、重複、大型

何から捨てていいのかわからない、という声をしばしばお聞きします。

そんなときは、5つのステップ。捨てやすいものから、順番に捨てていきましょう。

ステップ1　ゴミ

誰からどう見てもゴミ。

ダンボールやペットボトル、読み終わった雑誌、壊れた家電……。

捨てようと思いながら、捨てるのを忘れていたもの。ゴミであるなら、迷いなく捨てることができます。まずは、ここから。

ゴミを捨てる。簡単だけれど、注意していなければ簡単に溜まってしまいます。

ステップ2　期限が過ぎたもの、食べられないもの

珍しい調味料、冷蔵庫の中に眠っていないでしょうか？　凝った料理を作ろうと買ったものの、使ったのは1回きり、とっくに期限を迎えているかもしれません。

財布の中の期限の切れたクーポン券、古くなった薬、前月の子どもの学校行事の予定表……。

期限があるものは、期限を過ぎれば捨てられます。捨てるタイミングがわかりやすいです。

引き出しの中に、書けないボールペンは眠っていませんか？

書けなくても、つい引き出しの中にしまい、捨てることを忘れがち。

家中のボールペンの試し書きをして、書けないもの、書きにくいものは捨ててしまいましょう。

ステップ3　使っていないもの

ここからは、少し難易度が上がります。

趣味で始めた釣り道具、最近行っていないけど、これから行く予定もない。でも、壊れていないから、まだ使える。

前にいつ使ったのか覚えていないのに、いざ捨てようとなったとき、まだ使えると考えてしまう。これが、捨てられないハードルになります。

使わず押し込んで、持っていることさえ忘れているものは、なくても困らないはず。

ステップ4　重複しているもの

家の中に重複しているものは、数を減らしても困りません。

炊飯器を買ったときの付属品として、しゃもじが付いてきます。すでに家には、しゃもじあり。それでも、捨てられずに2つ持っていたけれど、重複しているものって結局、1つしか使わないんですよね。考えてみれば、2つ同時には使うことがないのです。

ホチキスや、使い切れないほどのガムテープ、小さくなった消しゴム……。家の中には2つ3つ、4つ5つと同じものがゴロゴロしていることがあります。

それを同時に使うときがありますか？

ゴミ
期限が過ぎたもの
食べられないもの
クーポン
2018
使っていないもの
10kg
重複しているもの
大型のもの

それらを必要最低限にするだけで、モノを減らすことができます。

ステップ5　大型のもの

捨てようと思いながら、なかなか捨てることができないものが、大型のもの。

娘たちが幼い頃習っていたピアノがありました。それぞれのやりたい楽器に進むと、ピアノを弾くことがなくなりました。いつまでもピアノは閉じられ、買った当初はピカピカに磨かれていたのに、いつの間にか曇ったまま。ちょっとした物置状態になっていました。

娘と相談の上、買取業者に引き取ってもらうことにしました。

いつか弾くときが来る、その「いつか」を待つことはありません。


大型の学習机は捨てるのに苦労しました。

学生ではなくなったのに、まだ使えるからと置いていては、後々痛い目にあいます。しっかりとした造りの学習机は、とても重いのです。2階の部屋から運ぶために、解体しました。市に依頼して処分しましたが、ひと苦労でした。

大型のものほど捨てにくいのですが、家から出したときのスッキリ感は、とても大きいです。

4 キッチンを「使わないものがない」状態にする方法

・大きな水筒、離乳食の食器、ホームベーカリー…

キッチンには、不用品が多く潜んでいるものです。

運動会に持って行っていた大きな水筒や、２段になった行楽用の大きなお弁当箱がありました。

運動会のお昼どきには、早朝から作ったお弁当を家族みんなで囲みました。娘たちが大人になった今、家族でレジャーシートを敷いてお弁当を食べるシチュエーションは、もうありません。使う場がないのに、いつまでも置いていました。まだ使える水筒やお弁当箱を捨てるタイミングを逃していたのです。

時とともに、使わなくなったものの見直しが必要です。

子どもはとっくに大きくなっているのに、赤ちゃんのときの離乳食の食器、割れないプラスチックのコップ、子ども用の食器が、いつまでも食器棚の奥に入っていたり。最近来客はほとんどないというのに、宴会ができるような大量の食器はありませんか？

キッチンシンクの下や吊り戸棚、食器棚の中のモノをすべて出して、大がかりな片づけを定期的に実行しています。

これまでに、手入れが難しく使いこなせなかったエスプレッソマシン、娘たちが幼い頃によくパンを焼いたホームベーカリー、時々しか使うことのなかったホットサンドメーカーを処分。

つい見過ごしがちな、使っていないものを見直すことで、キッチンの収納スペースも広くなりました。暮らしが変われば、モノも不要になります。

・正月用のお重箱を普段使いに

キッチンにあるモノを分けると、「使う」「使わない」の他に、「時々使う」というのがあります。

ザルとボウルの間に、キッチンペーパーを１枚はさんで振って、簡単水切り。

塗りのない木目がおしゃれなお重箱。しきりも外せて便利。

時々使うものの代表は、お重箱。お正月のおせち料理に使うお重箱は、年に1回の出番というご家庭も多いのではないかと思います。

おせち料理のイメージが強いお重箱ですが、わが家では、春に作るいちご大福や、ちらし寿司などを入れるのにも使っています。

来客時にお菓子を入れることもあります。眠らせておくのは、もったいない。普段使いで食卓も華やかになります。

・サラダスピナーは代用できる

「これいいよ」と教えてもらって買

った、100円ショップの温泉卵を作る便利グッズ。

電子レンジで簡単にできる！と、うれしくて数回使ったけれど、温泉卵を作ることにしか利用できない。今どき、インターネットで温泉卵を作る方法を検索すれば、便利なグッズを使わなくても、美味しく簡単に作ることができます。


サラダをよく食べるわが家には絶対必要だと思って使っていた、サラダスピナー。ある日、壊れたことをきっかけに、ザルとボウルをあわせて、振ってみるとあら簡単。場所をとるサラダスピナーがなくても、野菜の水切りができることに気がつきました。

アイスクリームディッシャーがなくても、大きなスプーンですくえます。

茶碗蒸し専用の器がなくても、お湯のみでも代用できますし、パスタ用のトングはなくても、菜箸でパスタがすくえました。


専用のものがなくても、代用することでモノを減らすことができました。あると便利は、たいていの場合、なくても平気です。

5 クローゼットにある洋服、着るのはたったの2割!?

・ほとんどが処分できる

捨てられないものナンバーワンは、服だそうです。

数年前まで、ファッションブログを書いていました。服は今でも好きです。でも、新着を追い求めるのに疲れてしまって、現在の「もたない暮らし」へと変化しています。

パレートの法則をご存知でしょうか？

結果の8割が、原因の2割によってもたらされる規則性のことです。……と言われても、なんだかピンときませんね。

では、クローゼットの2割の服が、8割方使われていると言ったらどうでしょう。たくさん詰め込まれたクローゼット。着続ける服は、たったの2割です。残りの服を捨てても、問題ないことがわかります。

若い頃、クローゼットを見渡しても、服はあるのに今日着て行く服が見つからない、ということがありました。

アイロンをしないと着られない服や、ちょっと前に流行った服。「あ〜あ、服がないわ」とため息をつく。

おかしな話ですよね。服はたくさんあるのに、服がないって……。

着る服がないと思うから、また買ってくる。そうして、どんどん服を増やしてしまうのです。

新しい服を買ったら、古い服の出番はなくなります。

試着室で、新しい服を試着して、着ていた服を再び着ると、途端に古ぼけて見えてしまうのです。

そこで捨てればいいものを、いつか着るだろうと、またしまい込む。

・1週間旅行にいくとしたら、どれを持っていく？

1週間は7日。

1ヵ月は30日。

そう考えると、たくさんの服は必要でなくなります。

1週間、毎日違う服を着ても7枚。1ヵ月、毎日違う服を着ても、30枚あれば不足することはありません。


明日から1週間、旅行へいくと想像してみます。

着ていく服は、トップクラスのお気に入り！

旅行中は着心地の良さ重視。ちょっとおしゃれなレストランには、お気に入りのワンピース。スーツケースの中に詰め込みます。これが、私の一番好きな服。

残念ながら、留守番になった2軍、3軍の服は、もうあまり出番がないかもしれません。着る服は決まっているのです。着心地が良いとか、お気に入りとか、自然に手が伸びています。


服の処分に迷ったら、鏡の前で見るだけでなく、実際に着てみます。袖を通すことによって、やっぱりいらないかと判断が早くなります。

ハンガーは、ドイツ製のMAWAハンガーを愛用。服を色ごとに分けて掛けると、クローゼットを開けたときにスッキリ見えます。

いつも着る1軍だけのクローゼットは、何着て行こうと悩む時間がなくなります。

・少ない服をハンガー収納、衣替えは1秒

以前は、衣替えシーズンの6月と10月、家族全員の衣替えをしていました。娘が小さい頃に「ころもがえしよう！」と言うと、「え？　こどもかえるん？」と聞いてきたのを懐かしく思い出しました。

大きな重い収納ケースを抱えて、家族4人分の服をたたみ直して、キレイにしまっていきます。衣替えは、一大イベントでした。

1軍の服だけのクローゼットは、衣替えをする必要もありません。たたむのが嫌いな私は、服はハンガー収納にしています。

季節によって、ハンガーに掛けた服を取り出しやすい位置に移動するだけだから、衣類整理があっという間に終わります。

自分で把握できる量のモノを持ち、収納ケースに押し込める衣替えをしない。これだけで、家事がラクになります。

「とりあえず」衣替えをしてしまうことで、着ていない服も、「来年こそは着るだろう」と丁寧にたたみ直し、しまい込んでしまいます。しかし、ワンシーズン着なかった服は、すでに「処分の対象」になっているのです。

「着る機会がなかった」「新しく買った服ばかり着ていた」「着心地が悪い」「ちょっと流行が過ぎた」など、着なかった理由を見つけ出してください。

「処分の対象」の服をしまい込むかわりに、新しいものが入るスペースを空けると、素敵な一着が見つかるはずです。

・季節がわりの見直しがおすすめ

春夏秋冬、季節ごとにモノの見直しをやっておきます。

着なかったもの、使わなかったものを、季節の区切りで確認しておくと、捨てるものが明確に見えてきます。冬に履くスリッパやタイツは、春が来たらすべて処分。シーズン1回の使い切りです。

真夏にクローゼットを開けて、真冬のセーターを眺めてみました。

時間がたてば、なんだかくたびれて見えてきます。毛玉も取ったはずなのに、あちこちに毛玉が。

暑い季節に、冬のセーターのモコモコとした手触りは暑苦しく、「また冬の始まりまでに、素敵なセーターを見つけよう」。そう思って、処分に踏み切れるのです。

季節ごとのくり返しの片づけで、おうちスッキリを目指してくださいね。

6 タイマーをかけて15分、ゲーム感覚の「不用品探し」

・家事の時間を計ってみたことありますか？

自分がやりたくないと思っている家事が、どれほどの時間がかかるものなのか、計測したことがあります。

コーヒーを片手に新聞を読み、いつまでものんびりしたい朝。

家族を無事に送り出してホッとするのも束の間、キッチンを見ると、朝食を作ったフライパンや食器の山。片づけるのめんどくさいな……。めんどくさいが顔を出します。

私がめんどくさいと思う時間って、どれほどのものなんだろう。

食器の片づけを計測します。

食器を洗って拭いて、9分14秒でした。

10分足らずのことなのに、めんどうだなという気持ちは消えず、いつまでもぐずぐずとしていました。

それからは、めんどうだなと思ったときは、「10分ですむ」と唱えます。

洗濯や掃除など、家事にかかる時間がわかると、あと10分あるから、ここだけは掃除機をかけておこうとか、朝の忙しい時間の管理もできます。


お世話になっていた、母の介護ヘルパーさんの持ち時間は、たったの45分でした。その間にヘルパーさんは、夕飯の準備、片づけをしながら、母の話相手をして、軽々と家事をこなしていきます。私は45分がどんな時間の感覚なのか、計測してみることにしました。

夕飯のあらかたの準備と、洗濯物の取り入れで、45分。

時間を計測していないと、もっと時間がかかっていたことと思います。

タイマー管理をすることで、サクサク家事がはかどりました。

・スマホのタイマー機能で十分

片づけにも、時間管理がとても便利です。

時間に追われるのではなく、時間を追いかける。時間との勝負で楽しみながら家事を。

忙しい毎日で、片づける時間がない方にも、ぜひタイマーをおすすめします。

時間を計測するなら時計でいいのでは？と思いますが、何度も針を見ることになるので、なかなか集中できません。タイマーなら、一度設定すると、時間が来ればアラームで知らせてくれます。

わざわざキッチンタイマーを買わなくても、スマホがあればタイマー機能を使えます。

私はｉＰｈｏｎｅを使っているのですが、「Ｈｅｙ Ｓｉｒｉ、○○分経ったら教えて」と、Ｓｉｒｉ（Ａ

Iアシスタント）を利用しています。

時間管理をしていないと、片づけの途中で、連続ドラマの続きが気になったり、ついつい猫と遊んだりしてしまうのですが、タイマーをかけたとたん、身体がシャキシャキ動きます。

アラームが鳴るまでに早く終わらせようと、なんだかタイマーと戦っている気分になるのです。

捨てようと思いつつ、なかなか動き出せないときは、「不用品探し」。

ゲーム感覚でやるとおもしろいですよ。まずは、15分タイマー。

ゴミ袋を片手に、15分間は捨てることに集中します。やる気が出ないときでも、とにかく動くことで、やる気は後からついてきます。

不要なダイレクトメール、財布の中のレシート、探せば何かしら出てくるものです。

時間を区切ることで、素早く行動することができます。

私は、よくゴミ捨ての前日に、不用品探しをやっています。

7 捨てるときは即断即決、売ろうとしない

・「3秒ルール」でゴミ袋に直行

高かったから、人からもらったから、置き場所はあるから、とりあえず置いておこう、まだ使えるから……。

私もそう言い訳をしては、モノをためていました。捨てることを、まったく意識していなかったのです。捨てられない人は、捨てない言い訳が得意なのです。

「捨てられない」……もったいない感情
「使うかも」……かもしれない感情
「とりあえず置いておく」……後回し感情

やっとやる気になって捨てようと思ったのに、いろいろな感情が邪魔をして、キキー

ーッとブレーキがかかってしまいます。

そんなときは、即断即決。モノを手に取り「3秒ルール」。「捨てる」を即断即決で実行します。

「う〜む、いるかなぁ〜」「やっぱりまた、使うかな〜」と考え始めると、捨てない言い訳探しをしてしまうのです。

お客さんが来たときに使おう、お正月に使おうなんて、捨てない言い訳を並べてみるけど、使った試しがない。今使っているか、今使っていないかだけを考える。

1、2、3で、ゴミ袋に入れてしまいます。

・フリマはハードルが高い

そうして集まった、たくさんの捨てるもの。

現在は、フリマアプリが盛んです。誰かに買ってもらって、不用品をお金に変えられる時代になりました。

誰かにあげようとか、リサイクルショップに持って行こうと試みた頃がありました。ひょっとしたら高く売れるかもというお金儲けの考えや、捨てることへの罪悪感をなく

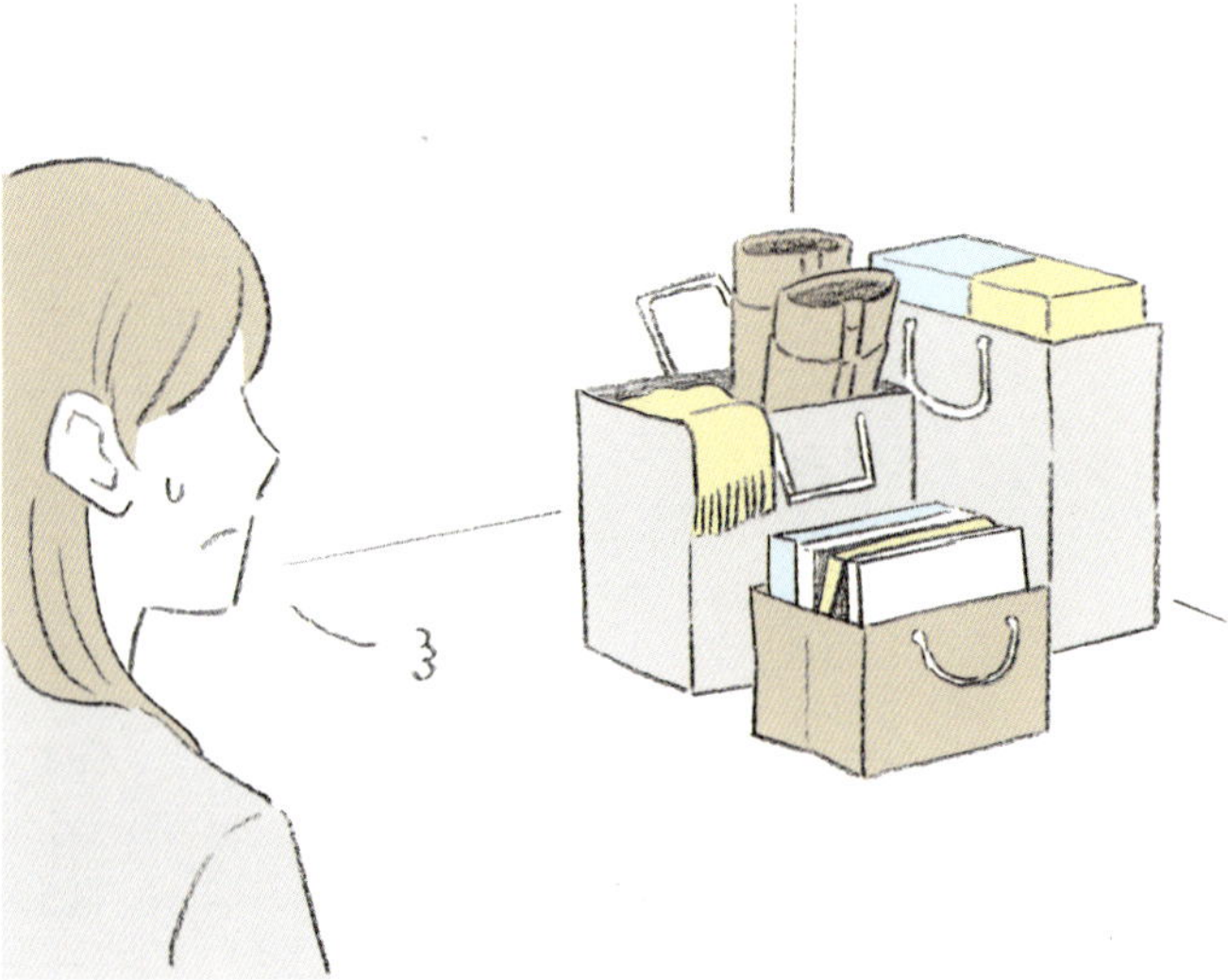

したかったのです。
今度行こう、今度行こうと思いながら、部屋の片隅にぽつんとある紙袋。それを横目で見るたびに、あ〜あと思いつつ、一向に持っていくことのない不用品。

できる人なら、さっさと写真を撮って、梱包して、買ってくれる人とやりとりして送ることができるのだろうけど、私はめんどくさがり。ハードルが高すぎた。

それだけの時間と労力を使うなら、捨てた方がラクでいい。

いつまでも捨てることのできない

不用品は、月日が経って、売られることもなく、あげることもなく、結局は捨てました。だったら、さっさと捨てておけば、片隅にあった紙袋に日々小さなストレスを感じることもなかったのにと後悔しました。

それからは、すぐに実行できないのであれば、「あげない」「売らない」「お金に変えない」。すぐに捨てることを意識しています。

心にチクッと感じることも大切。不用品をお金に変えても、きっとまた、何かを買ってしまう。

そして、気に入らなかったら売ればいいやと考えてしまう。

捨てることの難易度を上げるより、パパッと家から出して、空間を手に入れる方がスッキリと暮らせます。

8

「思い出の品」は厳選して1カ所にまとめる

・捨てられない子どものものは家族の歴史館

もたない暮らしについてブログを書いていると、何でも捨てると思われがちですが、実はそんなことはありません。家族からも、何かがなくなると「捨てた？」と真っ先に疑われる私ですが、私にだって捨てられないものはあるのです。

自分の卒業アルバムですら捨てた私ですが、娘たちのものはなかなか捨てることができません。年子の娘たちが、幼い頃にお揃いで着ていた赤いチェックのワンピース、赤ちゃんの頃の小さな靴下、小さくてかわいい服から、幼い2人の笑顔を思い出すことができるのです。

「ママ、だいすき」と書いてくれた手紙や絵は、まだ缶の中に保管しています。

以前見たドラマで、嫁ぐ娘とともに、笑いながら涙しながら、思い出の品を見て昔を振り返るシーンがありました。それを見て、何でも捨てる私だけど、思い出の品はそんなふうに使えるのだなと、ほんわかした気持ちになりました。

私も、いつの日か、家族の思い出をそっと開けて、みんなで語り合うことができればと……。思い出は家族の歴史でもあります。

私にも捨てられないものがあるのだから、家族にとっても捨てられないものがあって当然です。ブランド物の箱や紙袋。私から見れば、まだ捨てない？と思うものでも、家族のものには口を出さないルールです。

勝手に捨ててはいけません。捨てようと思っていたものでも、知らないうちに捨てられると、「え！　捨てたの！」とケンカになりかねません。

わが家ではなぜか、誰かの片づけが誰かに伝染することがあります。そうなれば、ゴミの山。一気に大処分大会が始まります。

・やがて思い出が薄れるときもくる

捨てられない言い訳として、「思い出があるから」と言います。

裁縫が苦手な私が作った幼稚園の通園リュック。嬉しそうに
背負う娘の姿と、子育てに奮闘していた頃を思い出します。

思い出がある……とってもわかります。

でも、その品を見てみると、ホコリをかぶって、引き出しの奥から出てきて、それでも「思い出がある」。もし本当に思い出があるのなら、大切にキレイな箱にしまってほしいのです。

家の中に散らばった思い出のあるものを、1ヵ所に集めて、きちんと保管ができれば、それは立派な思い出の品に変身します。小さな家族の歴史館です。

ランドセルを捨てたのは、娘たち

が20歳を過ぎた頃でした。

2人並んで通学した思い出があるから、すぐには処分できなかった。月日が経って、思い出も薄れ、ただ屋根裏部屋に置いているだけのものになってしまいました。20歳を機に、思い出は厳選して、処分に踏み切りました。

思い出の品は、時が経てば捨てられます。

モノがなくなったとしても、思い出が消えるわけじゃない。心の中に色あせず、ホコリもかぶらず、ずっとしまっておけるのです。

まだ捨てられないと思っているものは、まだそのときが来ていないだけ。それまでは大切にしまっておきたいと思います。

9
捨てるか迷うものは、1年後の日付を書いた「迷い箱」に

・片づけの手を止めないために

3秒ルールの1、2、3で捨てられなかったもの、捨てようかどうか迷いがあるもの。いつまでも迷っていては、先に進むことができません。

使いそうで使わないけれど、すっかり忘れてしまった謎のコード、家電を買ったときに付属していた部品。「これ、捨ててもいいものかな……」と、悩んでしまうことがあります。どこにしまっておいたらいいか、何にも分類できないものが必ず出てきます。

これが、片づけがはかどらない理由。

「迷うくらいなら、必要のないものです。捨てましょう」とよく言われるけれど、バッサリと捨てることができない、中途半端なものが出てきます。何度片づけをしても、残ってしまう迷いものもあります。

迷うなら捨てることができる人は、いいんです。でも、それができない人がほとんどではないでしょうか？

いったん迷ってしまうと、手が止まってその先に進めなくなってしまいます。「捨てる」「捨てない」の2択だと、片づけが進まない。ちょっと片づけの甘い部分を作っておきます。この甘い部分が、片づけを中途半端に終わらせないコツです。

手が止まるのを防止するためには、「迷い箱」を1つ用意しておきます。もしくは、空いている引き出しがあれば、そちらにまとめてください。

1軍の使いやすい場所に入れておくのは、もったいない。

私の場合、迷っているものは、ダンボールに1つにまとめて、捨てる期限の1年後の日付を記入しておきます。

おそらく、あれがないと思い出して再びダンボールを開けることは、ほとんどないと思います。

1年後、開けることのなかったダンボールは、この先も使わないと判断して、潔く捨てる。中を開けて見直すなんてことは、やめておきましょう。

・1年開けなかったら潔く捨てる

月日が経てば簡単に捨てられることを、私は知っています。あれほど悩んだはずなのに、使っていなければ、不要なものだと判断ができるようになるのです。「捨てるタイミングは、今日ではなかっただけ」。そのためには、何度も片づけをくり返す必要があります。

暮らしも変化していくので、必要なものも変わってきます。

次、片づけをするときは、なんでこんなもの持っていたんだろうと、あっさり捨てられることが多いものです。そのために、迷い箱をぜひ活用してください。

迷うものを、バラバラの場所に置かないことがポイントです。

引っ越しのときに運んだダンボールが、そのまま開かずの箱になっていることもあるかと思います。わが家も一度、引っ越しの経験がありますが、

段ボールに、今日から1年後の日付を書いて。

クローゼットの隅っこに、開かずのダンボールが入っていたことがあります。わざわざお金を払って、使わないものを運んできていました。

箱を数ヵ月開けないということは、現在の暮らしには必要がないということ。なくなっても困ることはないのです。

暮らしにすぐに必要なダンボールは、わずかだったはず。開かずのダンボールも処分の対象になります。

3章

二度と増やさない、モノを持つ基準

1

「割れてもまた買い直したい」食器で揃えて

・少しずつ集めた北欧食器

娘たちが小さい頃、割ってしまう心配もあって、１００円ショップの白い食器でも、もらい物の食器でも、とくにこだわりなく使っていました。

食器にこだわる心の余裕もなかったのだと思います。

しかし、北欧を舞台とする映画「かもめ食堂」に出会って、北欧食器の魅力に引き込まれました。

なんの変哲のないおにぎりが、素敵な食器にのせるだけで、とっても美味しそうに見えたのです。同じ白い食器でも、北欧の食器は温かみがあって、コーヒーを淹れると何倍も美味しく感じられました。

それから少しずつ、北欧の食器を集めました。今まで使っていた食器より、ちょっと背伸びして買った食器は、わが家の暮らしを豊かなものへと変えてくれました。

わが家で使っているすべての食器。アラビアやイッタラ、カステヘルミ、白山陶器など、どれもお気に入りでフル稼働です。

グラスやカップの数は、家族揃って使うか個々で使うか、使う場面を考えて。

陶器の急須のフタを何度も割り、割れないように鉄の急須にしました。

100円ショップの食器も丈夫で良いのですが、お気に入りの食器は、料理を並べるのも、お皿を洗うのでさえも、楽しい時間となりました。

もし、お客様用にと高価な食器をしまっているのなら、ぜひ普段の生活に使ってみてください。いつもの紅茶やコーヒーが、うんと美味しく感じられるでしょう。

おもてなしの心も大切だけれど、毎日の暮らしが素敵な時間へと変化します。

・家族分の4枚を超えないルール

食器選びのマイルールがあります。

わが家は4人家族なので、同じ種類の食器は4枚がルール。同じサイズのグラスも4つずつ。そうは言っても、色々な食器も楽しみたいもの。そんなときは、色違いを2枚ずつ買って、家族分の4枚を超えないように選びます。

同時に使うことのない大きなマグカップは、2つだけ持つことに。コーヒーカップのソーサーにもなる、ケーキ皿にもなる多用途のお皿を使うと、収納場所をとらずに便利に使えます。

ダイニングテーブル後ろの食器棚。倒れないように腰高サイズ。食器が少ないので、収納に困るホットプレートも入ります。

食器棚上部の引き出し。炊飯器に近い場所なのでお茶碗を入れて。

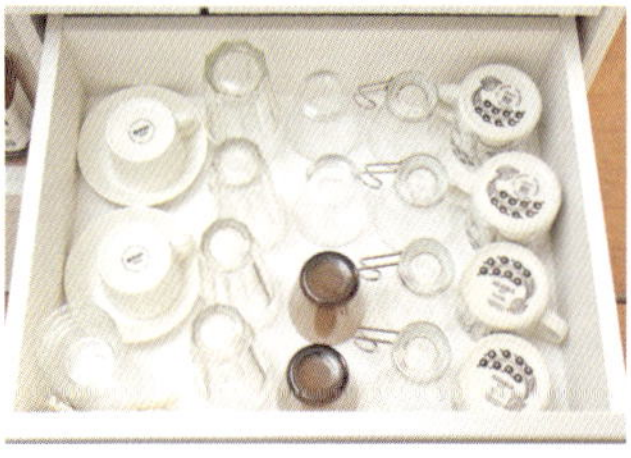

グラス類は、冷蔵庫にも水道にも近いキッチンカウンターに。

食器棚の右側。一番よく使う食器をまとめて。コの字ラックで食器を重ねない工夫。

特別なお客様用の食器はありません。普段の食器が特別なものという考えです。持っている食器は少ないので、死蔵品は1つもありません。すべてよく使う1軍の食器です。

以前、大切にしていたイッタラのグラスを1つ割ってしまいました。唇に触れたときの感触が良くて、飲み物が美味しく感じられるグラス。早速、同じグラスを買いに行きました。立派なお店に、小さなグラス1個だけを持ってレジに並ぶ私を見て、夫が「それだけ？」と笑っていました。

割れた分だけ、買い直す。いつでも買い直すことができるようなシンプルな食器を選び、割れてもまた同じものを買いたくなるものを選ぶ。

それまでは、しまった！　割れた！で、終わり。同じものを買い直す感覚がありませんでした。割れるので、数もバラバラ。当然、食器への愛着もありませんでした。

お気に入りの食器を揃えると、暮らしにゆとりが生まれました。手抜き料理だって、ちょっと美味しそうに見えるから不思議です。

2　3口コンロに必要な鍋の数は3つまで

・実用性重視のステンレス製

わが家のコンロは、3口コンロ。……ということは、同時に使えるのも3つのお鍋ということになります。最低限の3つの鍋があれば、普段の料理に困ることはありません。お料理上手なご家庭なら、シェフが使っていそうな特別な鍋もあるでしょうが、わが家が使っているのは、実用性重視のステンレスの鍋です。かっこいいストウブの鍋や、バーミキュラの鍋にも惹かれるけど、毎日使うなら、軽いステンレス鍋に軍配が上がります。私の場合、重いと出番がなくなりそうです。

他には、家族で囲む土鍋や、すき焼き鍋、専用の揚げ鍋が別途あります。以前は、パスタ鍋もありましたが、両手鍋でパスタをゆでることができるので、手放しました。

忙しいときに大活躍の圧力鍋もあります。

煮込み料理もすぐにできて、家事の時短にもなります。

母が圧力鍋の蒸気が怖いと言って、ほぼ新品状態で譲り受けたのは、昭和の時代のもの。なんと1989年製の年代物です。昔のものなので、作りもしっかりしています。

実は一度、手放すことを考えました。一時期に比べて使う機会が少なくなっていたのです。

使わない＝捨てる

この公式に当てはめると、使っていないので、捨てる判断をすることになります。

でも、お正月に作るチキンロールは、家族の大好物だし、味噌を手作りするときには、大豆を煮るのに使うはず。ご飯を炊いても美味しいし、カレーなんてあっという間にできてしまいます。

そう考えると、まだまだ現役で頑張ってもらわないといけません。しかし、圧力鍋ですので、安全性も心配です。

鍋は軽くて丈夫なステンレス鍋。奥のミルクパンは柳宗理のもの。脇に注ぎ口があるのが便利です。

北陸アルミニウムの圧力鍋。時間のかかる煮込み料理も、素早く仕上がります。しっかりとした作り。

・捨てられない、30年物の圧力鍋

そこで、メーカーに問い合わせをしました。「部品を取り寄せたいのですが……」

なにせ1989年製ですので、部品が残っているかどうか定かではありません。

鍋の底に製造番号の刻印がありました。番号を伝えたら、なんと、パッキンを取り寄せできることに。

「パッキンを取り替えたら、まだまだ使えます」と、メーカーのお墨付きをいただきました。

パッキンを2000円ほどで取り替えたら、新しい圧力鍋へと息を吹き返しました。

自分で買った特別な思い入れもない圧力鍋なら、わざわざパッキンを取り替えて使っていたでしょうか？　2000円出すくらいなら、新しい圧力鍋を買っていたかもしれません。

30年ほど前の圧力鍋を、なにもわざわざ使わなくてもと思われるでしょう。

でも私は、古いものを大切にしたかった。

譲った母は、圧力鍋のことなんて、すっかり忘れてしまっているだろうけど、私はどうしても捨てることができなかったのです。やっと日の目を見ることになった、その圧力鍋を私の手で、使ってあげたかった……。

昔のものは、頑丈にできています。少しの手間と愛情をかけると、また磨きがかかります。

私が母から譲り受けたように、私は娘たちに何を譲り渡すことができるのでしょう。

そのためには、モノを選ぶ目がとても大切だと思います。

手間をかけ、使い続けられるものを選ぶ。

いつかは、娘たちに引き継いでもらえるように。

3 フライパンは サイズと素材違いで3つ

・28㎝のフッ素加工、22㎝の鉄、銅の卵焼き器

フライパンは、いろんな大きさを取り揃え、たくさん持っているお宅も多いようです。フッ素加工のものは寿命がくるため、新しいものに買い換えますが、古いものを捨てられずに積み重なっていることも……。

わが家で使っているフライパンは、28㎝のフッ素加工のフライパンと、鉄の22㎝のフライパン、そして、銅の卵焼き器の3つだけです。私もかつて、いくつもフライパンを持っていましたが、今の形に落ち着きました。いずれもフル稼働です。

フッ素加工のフライパンは、4人家族のハンバーグが余裕で焼ける、28㎝サイズを選びました。

じっくり焼くのは、フッ素加工のフライパン。短時間でジュッと焼くのは、鉄のフラ

フッ素加工のフライパンは、気軽に買い替えできるように
ホームセンターで購入。すき焼き鍋のフタを兼用で。

イパンと使い分けています。

たがフライパン、されどフライパンで、フライパン選びにはこだわりが……。

長持ちすることはもちろんなのですが、ポイントは色です。

フライパンって、赤のイメージが強いのですが、それをキッチンで使うと、浮いて見えてしまう。シルバーや黒、白を選ぶようにしています。

火力の強いＩＨですので、フッ素加工のフライパンはやはり頻繁に買い換えが必要になります。

・鉄のフライパンは使い込むほどかっこよく

娘たちが中高生のとき、早起きしてお弁当を作っていました。ワンパターンなお弁当には毎日、卵焼き。以前は、フッ素加工の卵焼き器を使っていましたが、だんだんくっつくようになり、うまく焼けません。頻繁に買い換えていました。

こんなにすぐに買い換えが必要なら、何か良いものはないかと探してみたら、「銅の卵焼き器」に出会いました。

銅は火のあたりが柔らかで、驚くほどキレイに卵焼きができるのです。銅の卵焼き器は、お手入れ次第で長持ちします。

大切な道具は、お手入れする過程も楽しめるものです。

鉄のフライパンは、手入れが難しいと敬遠されがちですが、使ったあと水分を残さないようにするだけで、実はそれほど大変ではありません。

鉄のフライパンを使ったきっかけは、義母が使っている鉄のフライパンを見たことでした。黒く光った鉄のフライパン。煙を上げて油をならす、鉄のフライパン、男前！

使い続けるうちに愛着が湧いてくる鉄のフライパン。目玉焼きも外側がカリッと美味しくでき上がります。柳宗理22cmの鉄フライパン。

かっこいい！

フッ素加工のフライパンしか使ったことのない私は、軽く衝撃を受けました。

それから出会ったのは、柳宗理の鉄のフライパンです。

当時、ガスコンロでしたので、使い始めに空焼き作業をしました。鉄のフライパンをじっくり火にかけて、色が変わるまで焼き続けます。そうして焼いたフライパンに、油をならし、野菜くずを炒めます。

使い始めにする、ひと手間もふた手間もかかる作業は、よりいっそう鉄のフライパンに愛着を呼び起こしました。それからまもなく、ガスコンロからＩＨになり、ＩＨ用の同じフライパンを購入しました。

「フライパンで、味なんか変わらないでしょ？」と思われるでしょうが、鉄のフライパンで焼いたウィンナーは、パリッとしてとても美味しいのです。

そして、鉄のフライパンは、とても長持ちします。

使い込んでいくうちに、かっこいいフライパンへと変化していきます。

4 タオルでも洗剤でも、定番を決めたら他は買わない

・「シンプルで長く使えるもの」が選ぶ基準

小さなものでも大きなものでも、安くても高くても、考え方はすべて同じ。「これで、まぁいっか」という買い物はしない。それが私の持つ基準。とことん考えて、とことん悩んで、やっと購入する。

せっかくモノを減らしても、何でもかんでも買っていては、また、モノが増えてしまいます。「持つ基準」を作って、家に入るものを厳しい目でチェックします。

色で選び、派手な柄のない方を選び、シンプルで長く使えるもの。

買うときには、置き場所や、捨てるときの処分方法も考えます。

インターネットであまりにも多くのモノを見ていると、実際のお店では、お眼鏡に適った欲しいものが見つからなくなってしまいました。出かけても、欲しいものがなく、

手ぶらで帰ってくることがしばしばあります。

もたない暮らしをするようになって、モノを選ぶ基準が高くなったように思います。簡単に捨てるものを選びたくない。買ったものは大切に使いたいと思う気持ち。モノ選びにも慎重になります。

SNSで誰かが良いよと言っていたものでも、しっかりと「自分の暮らし」に当てはめて取捨選択するのは、とても大切なことだと思います。

・バスタオルの代わりにラージフェイスタオル

わが家には、身体をすっぽりと覆うような大きなバスタオルはありません。理由は、かさばることと、乾きにくいから。大きなバスタオルは、干すのも場所をとります。

普通サイズのタオルでも身体を拭くことができますが、小さすぎると家族からクレームが。そこで、ネットで探したのが、フェイスタオルより一回り大きなラージフェイスタオル（約40×100㎝）という商品です。

タオルのたたみ方にもマイルール。タオルの端が見えないように、中に半分に折り込みます。こうしておくと、たたんだときにキレイに見えます。

わが家は４人家族なので、１人３枚、合計12枚です。

購入時には、古いタオルを処分。全てのタオルを総入れ替え、新しいタオルと古いタオルが混ざってしまわないようにします。

・アルカリ電解水と酸素系漂白剤

お風呂の掃除用、キッチンの油汚れ用、トイレ掃除用など、○○専用の洗剤が家のあちこちにありました。

現在は、多用途に使えるアルカリ電解水（水ピカ）を使用しています。場所に合わせて、水で薄めて使用しています。

洗剤は入れ替えて。左はオキシクリーン。無印良品の入浴剤用詰替容器を使っています。

専用の洗剤を使っていた頃は、あれがない、これがないとちょくちょく買いに走っていました。ストックすることもなくなり、管理の手間も省けます。

もう1つは、酸素系漂白剤（オキシクリーン）です。

これがあれば、洗濯のシミ抜きや洗濯槽の掃除、つけ置き洗いができます。

大切に使えるかどうか、持っていてうれしくなるかどうか、自分の心の声を聞いて、モノを選びます。

タオルひとつにしても、買い物に

う〜んと時間をかけて、わが家の定番の品を決めていく。

もたない暮らしというと、捨てることばかりに目が行きがちですが、「持つ基準」を決めてみてください。ゆっくりと欲しいものを探す時間も、これまた楽しいものですよ。

5

派手な色や柄のものは家に入れない

・ピンクや水色の洗濯バサミをステンレスに

落ち着ける部屋にするために、家の中のテーマカラーを決めると、スッキリまとまります。

私が選んだカラーは、白、木目、シルバー、黒、グレー。

結婚当初、デパートで購入したのは、グリーンにイエローのラインが入った、チェックのカーテンでした。それにあわせたレースのカーテンは、珍しい薄いイエロー。売り場で見ると、とても素敵に見えました。まもなく新居に移り、大きなソファの色はネイビー、クッションはグリーンでした。

1つひとつはお気に入りのものでも、それがあわさると、なんともチグハグな印象に。

モノを減らしていくと同時に、気になってきたのは、家の中のカラーでした。

当時、ベランダの洗濯バサミの色が、水色やピンク色でした。洗濯物を干しながら、目についた洗濯バサミに、ふと、何かが違うと感じました。

洗濯バサミの色なんて、これまでは少しも気にしたことがなかったのに、もたない暮らしを始めると、どんな小さなものにも意識が向くようになりました。

色とりどりの洗濯バサミを、すべてステンレスに変えたとき、ものすごくスッキリと感じたことを今でもよく覚えています。

ポップなインテリアで揃えているという方は、センスがあって、一見ごちゃごちゃしていても、そうは見せないテクニックがある。そんなセンスは到底なく、なんとなくで選んだものは、色の氾濫になってしまいます。

布団カバーはピンクが好き。タオルはブルー、ラグは花柄、キッチンのポットは赤！……なんて、それぞれアイテムで好きな色を選んでいると、家の中が一気に落ち着かないことになってしまいます。

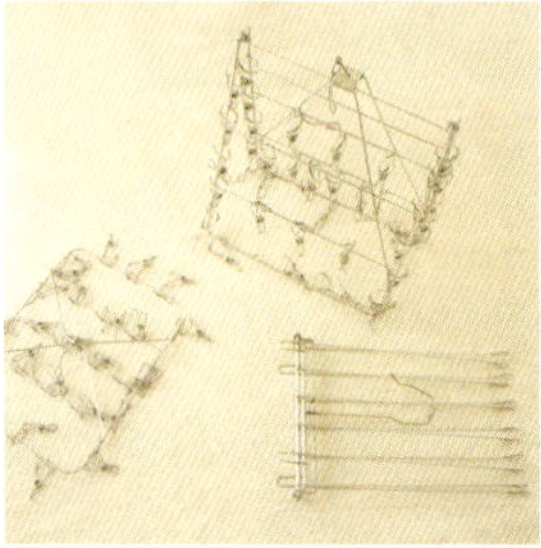

ステンレスは日光による劣化もなく、とても丈夫です。

・無印良品の店舗が居心地良い理由

無印良品の店舗が好きです。無印良品の店内は、とても居心地が良く、つい長居してしまう場所。それはなぜかというと、派手な色がないから。木目やアイボリーが、とても穏やかな落ち着いた気分にさせてくれるのです。

売り場にモノがたくさんあっても、色が揃っているだけで、雑多な印象ではなくなります。

それに対して苦手な場所は、リサイクルショップ。誰かの不用品が、いろいろなところから持ち込まれた店内は当然、色もごちゃごちゃ。モノから受ける圧迫感が強すぎて、すぐに出たくなります。

私は残念ながら、色で遊ぶセンスは持ち合わせておりませんので、できるだけ色のないものや柄のないものを選ぶようにしています。

ワンポイントやロゴ、キャラクターのないもの。ワンポイントやロゴがあったほうが、おしゃれに見えそうだけど、それを家の中に置いたときは、ちょっと邪魔をしてしまうのです。

シンプルなものを選ぶだけで、部屋が整って見えます。どんなに小さなものでも、そこにこだわりを持つと、暮らしが充実してきます。

もしあなたの部屋が、なんだか落ち着かないと感じているのなら、それは色から来る刺激を受けているのかもしれません。無印良品の店舗のように色のトーンを揃えると、スッキリした暮らしが待っています。

6 商品パッケージが目に入らないようにする

・洗剤やシャンプーは詰め替えボトルに

家の中のテーマカラーを邪魔するのが、洗剤やシャンプー、お菓子等のパッケージ類。買ってきた洗剤ボトルをそのまま使っていると、ごちゃごちゃして見えてしまいます。お菓子のパッケージも見えるところに置いておくと、とたんにシンプルとは程遠くなってしまう。

売り場では、目を惹きつける奇抜なパッケージ、売るための派手なロゴ、文字がおしゃれとは程遠くさせてしまうのです。

気にならない人はまったく気にならないかと思いますが、洗剤はお気に入りのボトルへと詰め替え、お菓子などのパッケージは見えないところへ移動する。ここを見直すと、視界から入ってくる印象がかなり違ってきます。

ちょっとしたことですが、小さなことから始めると暮らしがワンランクアップします。

わが家で変更しているものをご紹介します。

シャンプーは、無印良品の詰め替えボトルを使っていますが最初は透明のボトルを使っていましたが、中身が見やすい分、減ってくると汚らしく見えることがありました。そこで、半透明のものに変更しました（現在使っている半透明のグリーンのボトルは廃盤になっているようです）。コンディショナーもボディソープも、同じボトルで揃えています。

クレンジングオイルは無印良品のものを使用しています。無印の商品はシンプルなので、そのまま並べてもうるさくなりません。

・もとからおしゃれなボトルを選ぶのも手

洗濯洗剤のボトルはサラサデザインで、ネット購入しました。

以前は透明ボトルを使っていましたが、洗剤の液体の色がブルーなので目立ちます。中身が見えない方がスッキリするので、グレーのボトルを選びました。

食器用洗剤やトイレ掃除の洗剤は、出しっぱなしにするので、見た目重視。美しいデザインボトルのマーチソンヒュームです。中身は詰め替えて使用しています。

すぐに使いたいハンドソープやハンドローションは、マークスアンドウェブのものです。

こちらも、おしゃれなパッケージなので、見た目も良く、そのまま使用しています。

中には、詰め替えるのがめんどくさいと、派手なパッケージのまま使ってらっしゃるご家庭もあることと思います。おしゃれなボトルを選ぶと、詰め替えなしでも使用することができます。

ずっと悩みのタネだったスプレー缶。詰め替えることができずに、もやもやしていました。

殺虫剤などのパッケージは、大嫌いな害虫のイラスト。見るだけで鳥肌の立つパッケージを改善するのには、100円ショップ（セリア）に良い

殺虫剤も簡単に目隠し。嫌いな害虫の絵を見ずにすみます。

シャンプーラックは楽天市場で見つけたスチールラック。ボトルは無印良品。

洗濯用洗剤ボトルはサラサデザイン 。別売りの識別ステッカーを貼って。

キッチンの食器用洗剤はマーチソンヒューム。おしゃれな洗剤ボトルです。

洗面所のハンドソープはマークスアンドウェブ。グレーなパッケージを探して。

商品がありました。

巻きつけてマジックテープで留めるだけの、スプレーカバーが販売されていたのです。簡単に、おしゃれスプレー缶へと変身しました。

インスタ映えとして、冷蔵庫の中のドレッシングまで詰め替えているのを見ますが、私はそこまでする必要はないと思います。誰かに見せるためではなく、自分の暮らしに合っているかが重要で、そこに無理があるのなら、そのままで良いのではないでしょうか。

7 「タダでもらえるもの」を断ることから

・ノベルティやポイントカードがたくさん

一度はキレイさっぱりと片づけたはずなのに、月日が経つといつの間にか、じわじわとモノが増えてくること、誰でもご経験あるのではないでしょうか？

その原因を作るのは「無料（タダ）のもの」。

無料なものほど、驚くほど簡単に家の中に溜まっていきます。

○○円以上買ったら、ノベルティプレゼント。

買い物の予定はないのに、ノベルティ欲しさで、つい必要以上の買い物をしてしまう。

ペットボトルのおまけが付いている方を選んでしまう。

本当は、おまけが欲しいのではなくて、何かが付いていた方が、ちょっと得した気分になるから。雑誌は、付録がついている方がうれしい……。お得や、おまけに弱いのもわかります。

でも、そっちの方を選んでしまったら、いつまで経っても部屋が片づくことはありません。

誰だって、損はしたくない。だけど、一瞬のお得につられて、家の中に溜まっていくモノたちは、ずーっと居座り続けて、家の中からなかなか出て行ってはくれません。

お店に行っても、「ポイントカードお作りしましょうか？」という店員さんの丁寧な言葉がけに、再訪予定がなくても「はい、お願いします」と断れずにいました。

たがカード1枚のこと。気持ちよく作ってもらった方が……と思っていたけれど、結局使うことのないポイントカードが、いつまでもお財布の中に入っていることに。

年末の粗品のカレンダーも景品のマグカップも、無料だからともらっていては、すぐにモノを増やしてしまいます。クリーニングの針金ハンガーも、使わなければゴミです。

・「ありがとう。でもいりません」と言う勇気を

「ありがとう。それ、いりません」と少しの勇気を持って、お断りすることにしました。

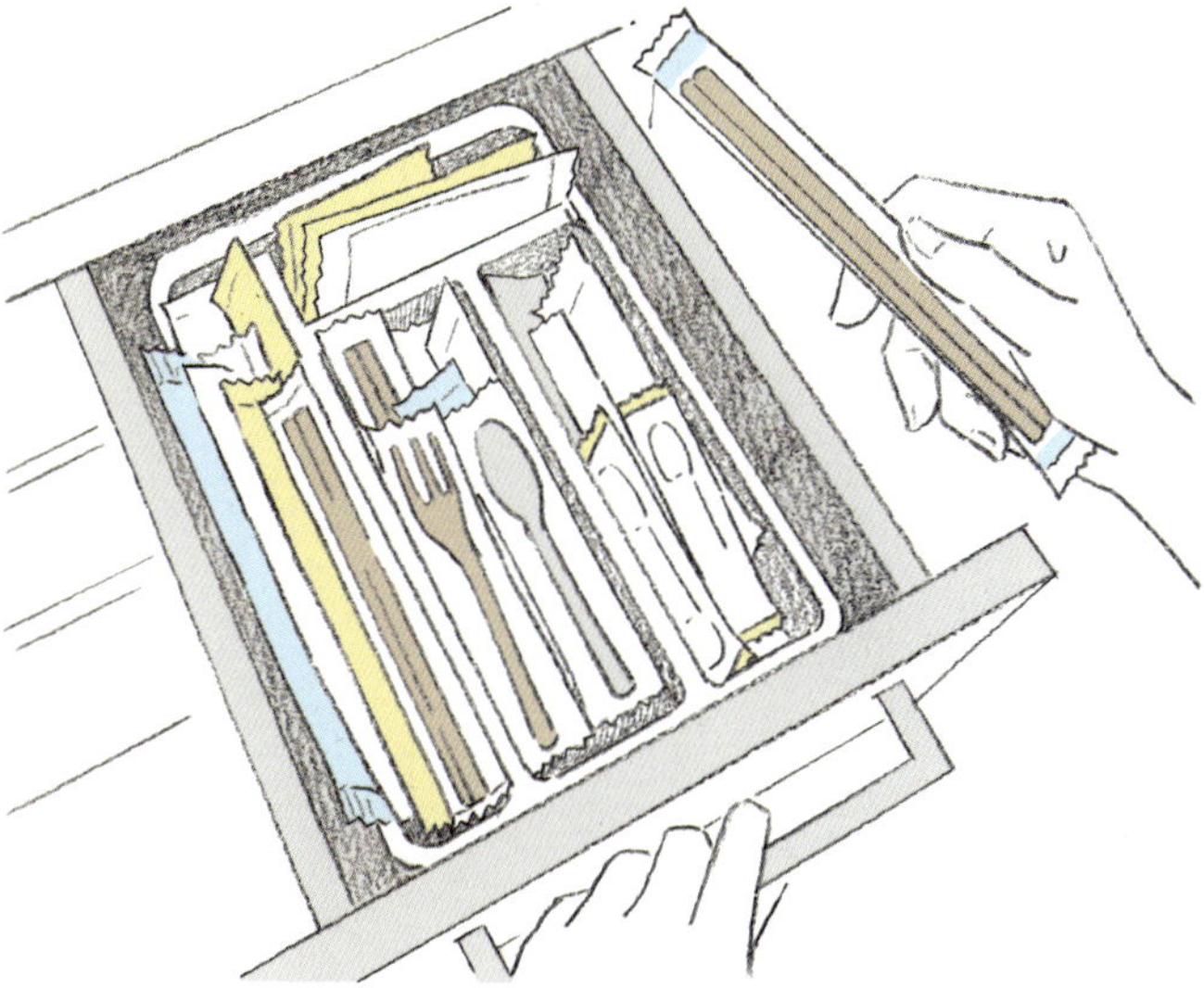

たまに「いりません」と言うと、え？　いらないの？と見られることがあるけれど、景品をみんなが喜んでもらうとも限りません。その分をちょっと値引きしてもらえた方がうれしいと思うのは、私だけではないはずです。

コンビニでもらう割り箸やスプーン、お手拭き。

断るつもりでいても、袋の中に入れてくれていることが……。

使えばなくなるものだけど、使うことなく、キッチンの引き出しに入ったままになっていませんか？　わが家もよく、キッチンの引き出しを片づけると、カピカピに乾いたお手拭きがどこからともなく出てきました。

なんとなく捨てられずに置いておいたお手拭きは、結局使われることもなく、捨てられる。プラスチックのスプーンだって、家にいれば、なかなか出番はやってこないもの。使わないなら、すぐに捨てればいいものを、いったん引き出しに入れてしまうから厄介なのです。「もらわない」「すぐに使って捨てる」を心がけています。


ものごとを、損か得かの損得勘定で考えるのは、モノを増やす原因になります。

得と感じるものでも、それが本当に得になるのか、今一度考える必要があります。

結局、まわりにまわって、片づけられない部屋となる「大きな損」が出ていることに、早く気がつかなくてはいけません。

8 ペンはお気に入りの1本があればいい

・粗品のタオルをみるたびげんなり…

○○温泉旅館と書かれたタオル、どこかの企業名の入ったタオル。粗品でいただくことの多いタオルですが、本当にそれを使っていて、心が喜んでいるでしょうか？

手が拭ければいい。たしかにそうです。タオルなんて、手や顔を拭くことができればそれでいいのかもしれません。でも私は、○○温泉旅館と書かれたタオルが家の洗面所にかかっていたり、洗濯で干すときに、どこかの企業名のタオルがひらひらしていたら、げんなりしてしまうのです。

身近なものほど、お気に入りを使いたいと思っています。ブランド物のタオルでなくてもいいのです。粗品でもらったものではなく、ちゃんと自分で選んだものを持ちたいと思います。

娘たちが小さい頃は、キャラクターのタオルだったり花柄だったりしたものです。たたんだときに、柄や色がバラバラだとしっくりこないのです。

選ぶのは、柄のないタオル。分厚いタオルは、なかなか乾かないので、程良い厚さのもの。先にも書いたラージタオルだけでなく、普段使いのフェイスタオルも同様です。

使っているタオルに新しいものと古いものが混ざってしまうと、買い替えどきがわからなくなるので、買い替えるときは同じものを全部、総取っ替えします。

・ラミーサファリの万年筆

ボールペンも粗品でいただくことが多いものです。

あちこちでもらってくるから、家の中に何本も。ちょっと書いては、どこかに置いて、なくなっても気にしない。だって、いくらでも引き出しに転がっているのだから。

中には、書きにくいボールペンも混ざっているけれど、わざわざそれを買い直すことはしない。

どうでしょう？　お心当たりありませんか？

イエローカラーはどこかに紛れ込んでも探しやすい。スケジュール帳は大きめサイズ。無印良品です。

私には、大切な1本があります。それは、黄色の万年筆。

元は、ドイツの小学生の字の練習用に作られたという、ラミーサファリの万年筆です。

使い捨てではない万年筆は、インクさえ常備しておけば、いつでもサラサラと書くことができます。

インクの色はブラックではなく、ブルーブラック。ブラックより、柔らかな印象のカラーがお気に入りです。インクを交換する一手間もまた、愛着が湧いてくるものです。

スマホやパソコンの普及で、めっ

きり文字を書くことは少なくなりましたが、スケジュール帳はアナログ派。万年筆はボールペンより特別感があるのです。人前で万年筆を取り出すと、「万年筆ですか？」と、ちょっとびっくりされたり。ボールペンと比べると、少数派なのかもしれません。

1本しかないので、取り扱いは特別級。紛失すれば、必死で探します。

どんな小さなものでも、お気に入りを持つこと。そうすることで、モノを大切にできます。

拭けたらいい、書けたらいいと、そんな感覚でモノを選ばず、自分が選んだとっておきのものを日常生活に取り入れる。高級なものである必要はありません。

もたない暮らしだからこそ、持っているものは、精鋭部隊のように選りすぐりのものを持ちたい。そうすることで、少ないものでも、十分に満足できるようになるのです。

9 試供品をためずにすぐ使い切る工夫

・「試す」のが目的のものだから

化粧品を買うと、試供品をもらうことも多いです。時には、ダイレクトメールにもサンプルが入っていることもあります。何かと手にする機会のある試供品ですが、本当に肌に合うものなのか、まずはお試しできるのは、とてもありがたいですね。

しかし、小さな試供品は、ポーチの中やメイクボックスの中に、いつまでも使わずにヨレヨレになって入っていることがありませんか？

使わずにたくさん溜め込んでしまっていることもありますね。

決まり文句は、「旅行のとき使おう」。

旅行に行くことすらまだ決まっていないのに、いつかの旅行のときのため、置いておく。そして、本当に旅行に行くときは、持っていくのを忘れてしまう。それもかなりの確率で。

あるいは、やっぱり旅行のときは、いつもの化粧品が安心するから、試供品は持っていかない……なんて言っていると、いつまでたっても試せない。

そうしているうちに、いつもらったものなのかも把握できなくなって、試供品のはずなのに試される機会を失っている。試供品にも使用期限があるはずなのに……。

「ブランド物の化粧品だから、なんだか使うのがもったいなくて」

「あまり興味がない化粧品だけど、捨てるのはもったいない」

様々な理由で、メイクボックスの片隅に追いやられ、使うことのない試供品がいつまでも入っていること……。私も経験あります。

・シャンプーはお風呂場に、化粧水は洗面所に

お試しするから試供品なので、すぐに使うことを心がけましょう。

シャンプーやトリートメントなら、お風呂場に。化粧水や美容液なら、洗面所の鏡前に。ファンデーションなら、メイクボックスの中に。使う場所に置いておく。すぐに目につく場所に置いておいて、試供品から使ってみる。
興味のないものは早々に処分しておき、興味のあるものは溜め込まずに、すぐに使ってみること。

それでも、習慣というのは怖いもので、試供品から使おうと思っているのに、つい、いつものシャンプーや化粧水に勝手に手が伸びて、「あ〜使うはずだったのに……」。びっくりするくらい忘れることもしょっちゅうなのですが、意識を向けるようにしておかなくてはいけません。

あまりに忘れるので、洗面所の鏡にマスキングテープで貼りました。忘れない苦肉の策です。
化粧水のキャップやシャンプーのボトルに貼っておくのも、良いかもしれません。そこまでしておかないと、使い切るのが難しいのです。

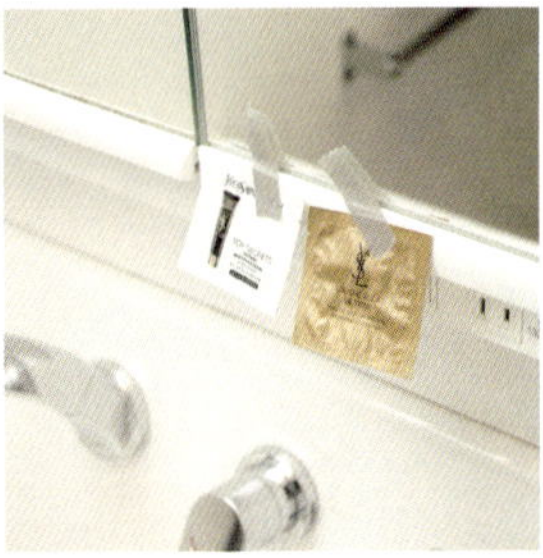

目に入ればイヤでも思い出す。邪魔なので早く使いたくなります。

試供品を使わないと！と、切迫した気持ちになるのは、なかなかないことかもしれません。

ないから、忘れてしまう、試せない。そして、挙句には使うことなく捨ててしまう。ヨレヨレになって存在を忘れてしまう前に、すぐに試してみる。

思いがけず試供品を手にしたときは、ラッキーというより、「あ〜また、使い切らないと」という気持ちが強くなりました。溜め込まず、すぐに使うことがポイントです。

どんな小さなものでも、使い切って捨てると、とてもスッキリします。

4章

「何も置かない」キッチンの作り方

1 キッチンのものは全部しまう3つのワケ

・出しっぱなしのラクさを上回るメリット

使う道具も多くて、毎日フル回転している場所。それはキッチン。昨夜使った鍋がそのままの状態で出しっぱなし、洗った食器は自然乾燥するまで置きっぱなし、リサイクルの牛乳パックやペットボトルはそのまま。モノさえなければ、スッキリとキレイに見えるのに……。

かつてのわが家のキッチンもそうでした。今は、できるだけモノを置かないようにしています。そのワケは、次の3つです。

ワケ1　掃除のしやすさ

以前は、キッチンツールや塩などの調味料は、ラックに乗せてちょっと手を伸ばせばすぐに届く場所や、コンロの横に置いていました。お料理しながら、サッと取り出せて

築20年のキッチンは設備の古さも目立っていますが、清潔であることを心がけています。元はこげ茶色のキッチンを、カッティングシートで白にセルフリフォームしました。

便利です。

けれども次第に、油がベトベト。油の上にホコリがかぶって、ベタベタ。毎日使っているならまだしも、時々しか使わなければ、一度洗ってからでないと使えません。

毎日、油汚れを拭こうと試みてはみるものの、長続きはしません。

そこで、考えました。サッと使える方を選ぶか、掃除の手間を省くか……。めんどくさがりな私が選んだのは、「掃除の手間を省く」でした。

モノを置かなければ、サーーッと拭くことができ、簡単に掃除することができます。

手間がかからなければ、毎日の繰り返しの掃除も嫌になることはありません。

ワケ2　見た目にスッキリ

わが家のキッチンは、リビングからも丸見えのオープンキッチンです。

来客があっても、筒抜け状態。

片づいていないと、くつろげるはずのリビングが、まったく落ち着かないことに。

生活感満載のキッチンは、ごちゃごちゃしていると、家全体まで散らかって見えます。

本当に、ここでご飯作ってるの？と思われるようなキッチンに、見た目スッキリにさせておくことがポイントです。

ワケ3　片づけたくなる心理

雑然とモノがあふれたところに、小さなグラスを1つ置いても、気にも留めないでしょう。モノがモノを呼ぶという言葉がありますが、まさにその通りのことが起こると思います。たくさんモノがある場所に、じわじわとモノが集まってくる。

1つ置けば、次々にモノを置き、だんだんとモノの山になっていく……。

一方、スッキリ何もないキッチンに、グラスを1つ置けば、どうでしょうか？

何もない場所に置くと、とても目立ちます。

目につくから、洗っておこう、片づけておこうと思えるようになるのです。

必要なもの以外は何も置かないと決めておけば、散らかり予防にもなります。

夜寝るときには、何もない状態にしておくことが、私のルールです。

そうすれば、朝起きたときに、気持ち良く1日のスタートを切ることができます。

2 調理道具の収納は「重ねない」「使う場所の近く」

・シンク下は伸縮棚で空間の有効活用

調理道具の収納を考えるときは、使う場面を想像します。

頻繁に使うものは、取り出しやすい場所に。キッチンがなかなか片づかないという場合、これができていないことが多いものです。

収納しやすい場所（ゴールデンゾーン）は、腰のあたりから目線の高さまで。脚立を持ってこなくても、かがまなくてもモノが取れる場所です。

わが家のキッチンはL字型で、今時の引き出し収納ではなく、昔ながらの扉タイプ収納です。

このタイプに一番困るのは、シンクの下収納ではありませんか？

奥のものが取り出しにくく、中まで見渡しにくい。おまけに、水道の排水管が邪魔をして、うまく収納するのが難しい場所です。

そんな場所には、スペースに合わせて「伸縮棚」を入れています。左右に伸縮し、高さも変えられ、排水管を避けて設置できるので、スペースのムダがなく収納できます。


コンロ下には「ステンレス製スライドラック」を使用しています。ラックがスライドして、引き出しのように使うことができます。奥のものが取り出しやすくなりました。


コンロ下は火のゾーン、水道シンク下は水のゾーンに分けることができます。それぞれの場所に、適切なものをしまいます。

よく、火のゾーンの下には、水を使わないフライパン、水のゾーンにはザルやボウル、鍋を入れると良いと言われます。

たしかに理にかなっていますが、私はそのどちらのものも置いていません。やはり収納は、自分の使い勝手が良いように変えていくことが大切だと思います。

・コンロ下にはスライドラックで調味料を

シンク下収納には伸縮棚を使って、フライパン2つ、卵焼き器、ゴミ袋、洗剤類、レシピ本を入れています。

なぜ水のゾーンにフライパンを入れているのかと言うと、頻繁に使うフライパンが取り出しやすいことと、シンクで洗った後すぐにしまえるからです。

フライパンは重ねないように。ワンアクションで取り出しやすくしておきます。

湿気が多い場所なので、食品の保存は不向きです。

コンロ下収納にはステンレス製スライドラックで、調味料のストックを。

シンク上収納は、上段と下段で使い分けています。手を伸ばしても取れない上段には、お正月用品、土鍋、圧力鍋、製菓の道具、時々使うものを収納。手を伸ばせば届く下段には、両手鍋、片手鍋、ボウル、ザル。

保存容器やダスターは、無印良品のファイルボックスに入れて収納。

よく使う調味料やラップなども、手を伸ばせば届く場所に入れています。

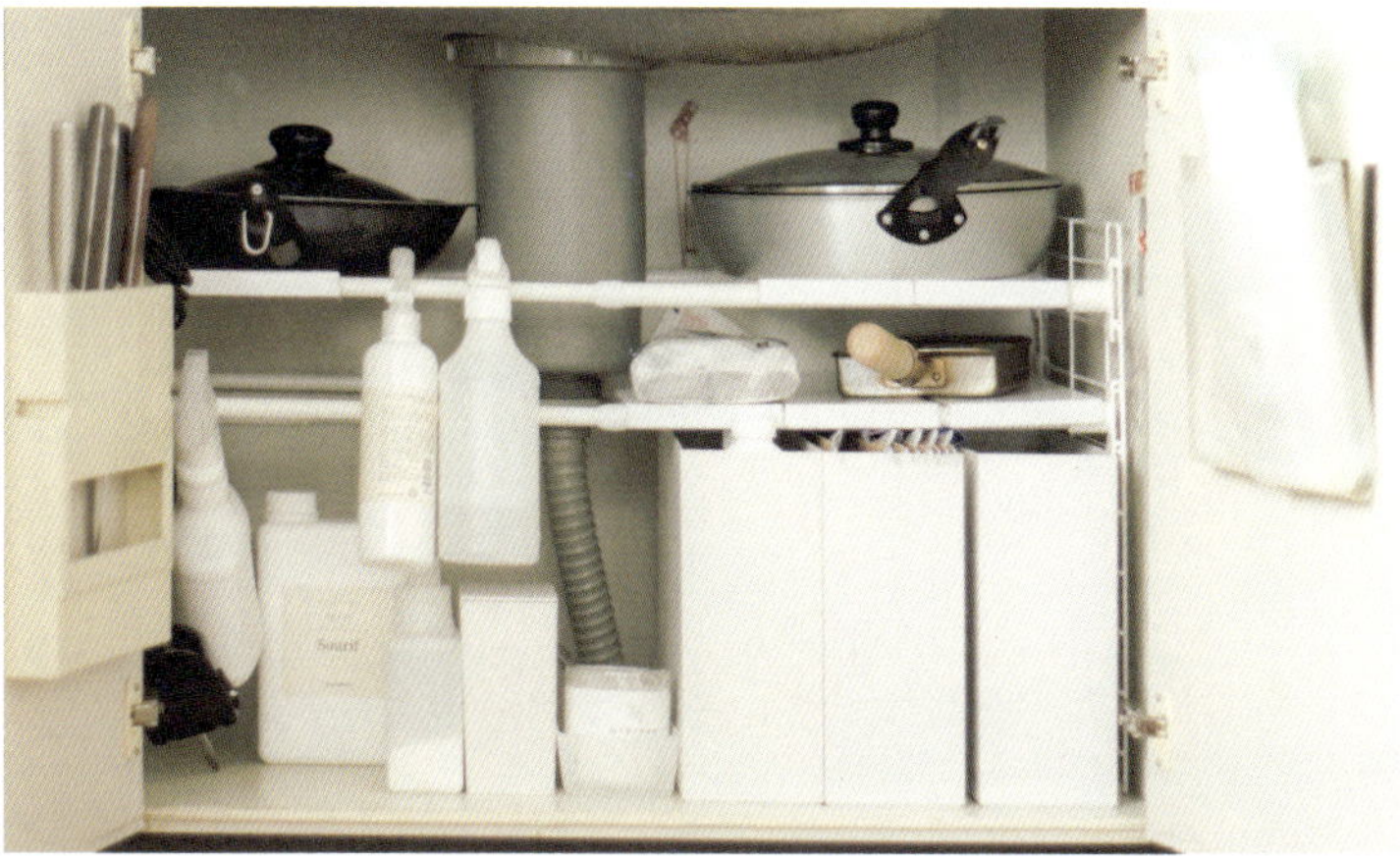

伸縮棚やファイルボックスを使って、奥行き、高さの空間を最大限利用。扉の裏側も。一番よく使うものを取り出しやすい位置に配置しています。

引き出し式のラックは奥のものが取り出しやすい。ステンレス製が丈夫。計量機能付き米びつは、サイズを測ってぴったりのものを。

鍋やフライパンのフタはセットにして収納すると、「鍋蓋ラック」も必要ありません。

初めから使いやすい収納ができていたかと聞かれれば、決してそうではありません。

使ってみて不具合があれば、すぐに収納方法を考え直し、試行錯誤しながらやってきました。

ようやく完成形に近づいてきました。

使いやすいキッチンは、料理のやる気アップにもつながります。

ぜひ、メジャー片手にキッチン収納を見直してみてください。

シンク上の収納棚。下段は手を伸ばせば届くので、普段使いの鍋やボウルを。上段は圧力鍋や土鍋を入れています。

使い勝手の悪かった、上の写真横の扉収納。DIYで棚を取り付け、使いやすく改善。ファイルボックスで整理し、見た目もスッキリ。

3

すぐゴチャつく引き出し収納は「区切る」で解決

・作り付けの仕切りケースは外して

キッチンの引き出しの中って、すぐにグチャグチャになりませんか？
取り出したいものが見つからない。使っていないものが、わんさか入っている……。
お心当たりありますか？
まずはモノを減らして、キッチンの収納の改善に取り組んでみましょう。

私も、何度片づけても、何度見直しても、すぐにグチャグチャになるキッチンの引き出しが悩みのタネでした。元々引き出しには大きな仕切りケースがついていました。自分で考えた収納ではないから、使いづらく、収納にモノを合わさなくてはいけませんでした。デッドスペースがあっても、妥協して使うことになります。
あるとき、ピンとひらめきました。「はじめからついている、この収納ケースをやめ

引き出し内の仕切りは奥行きに合わせたケースに変更して。100円ショップでサイズを測って購入。キッチンツールは黒かステンレスで統一。

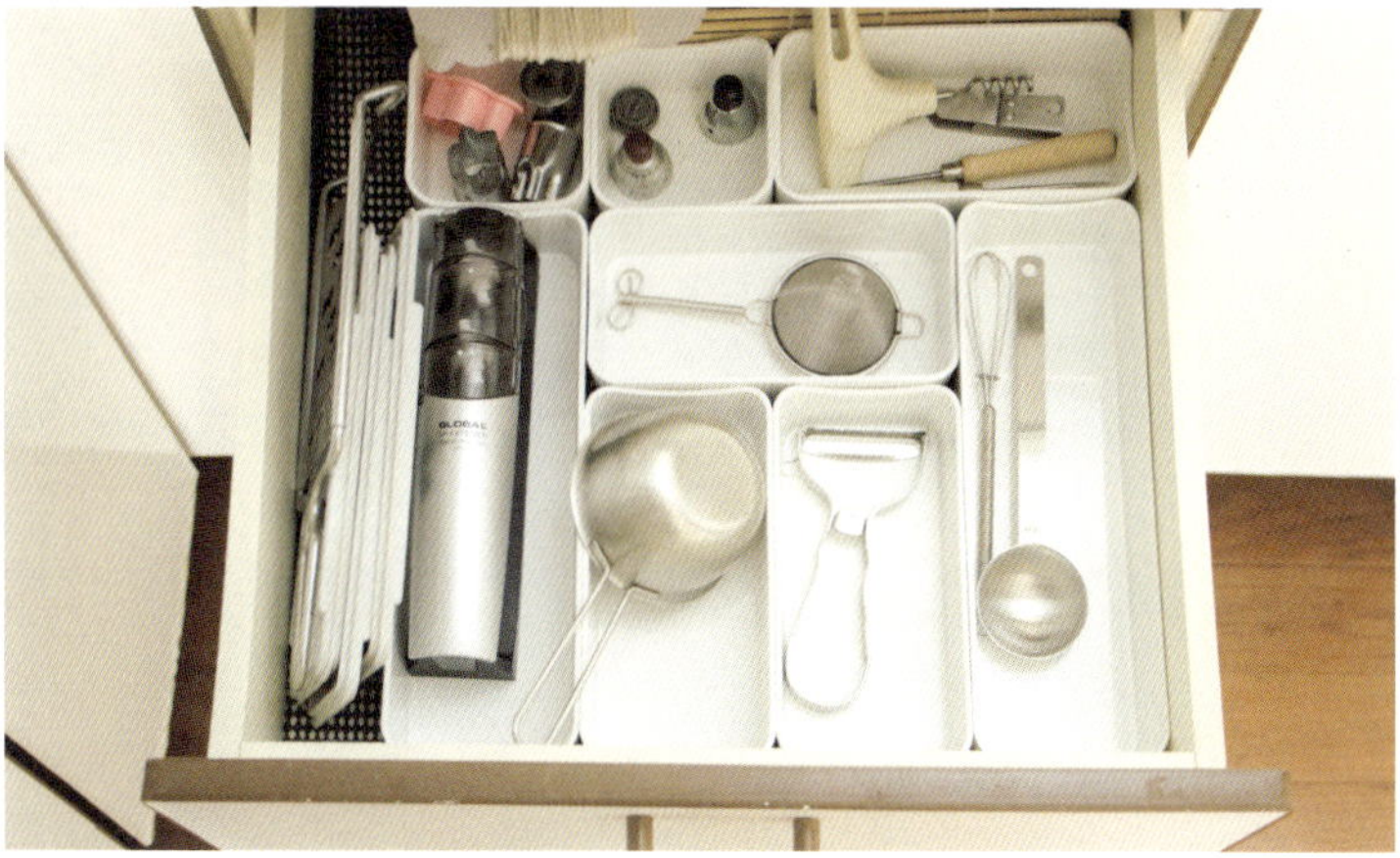

引き出し2段目。モノに合わせて小さなケースで区切って。ニトリのブラン整理トレー。汚れたら、ひとつだけ洗えるので清潔を保てます。

よう！」。すぐにぐちゃぐちゃになるキッチンの引き出しを「今度こそ、卒業する！」。

サイズを測って、引き出しに何を入れるか、徹底的に考えました。小さなサイズのケースを組み合わせて、オリジナルな収納を考えます。小さなケースなら、1つだけ取り出して簡単に洗うことができます（ニトリと100円ショップの商品を使用）。

トレー購入前には、ノートに簡単な絵を書いて、シミュレーションしておきます。

一番上の引き出しには、菜箸やおたま、フライ返しなどのキッチンツール。腰の位置にあるここは、一番使いやすい場所だから、頻繁に出し入れするものを入れます。

二番目の引き出しには、計量スプーンや、計量カップ、ピーラーなど。よくピーラーが行方不明になっていたので、ピーラーだけの指定席を作りました。

かつては1段の引き出しにすべてのツールが、こんがらがって入っていましたが、2段の引き出しに分けることで、ゆとりのある収納に変更しました。

・優秀なトトノの収納ケース

キッチンカウンター（125ページ手前の白いカウンター）を購入するときには、同時に収納法も考えました。

広い引き出しは、はじめにきちんと収納を考えていないと、あっという間にモノが散乱してしまいます。

リッチェルというメーカーの、トトノの収納ケースを使っています。

こちらの良いところは、ケースの中に仕切りが付いていること。この仕切りがあるおかげで、上手に収納することができます。トトノ収納も色々サイズが揃っているので、組み合わせて自分仕様の収納に変更できます。

雑誌の片づけ特集を鵜呑みにして、そっくりマネしてみても、うまくいくとは思いません。

まずは、料理をしている動きを観察して、ムダな動きをしていないか、取り出しにくくないか、不便なところを改善していきましょう。

形を整えてしまえば、片づけがう〜んとラクになりますよ。

二度と散らからないキッチンの引き出しを作ってみてくださいね。

4

キッチングッズは黒が好き

・ようやく見つけたサンサンスポンジ

何もないキッチンが完成し、次に気になってきたのは、食器洗いのスポンジの「色」でした。ピンク色で、ちょっとくたびれたスポンジ。

「スポンジってすごい生活感……」

「ピンクは嫌だ」

スポンジの色なんて気にしたこともない方もいらっしゃるでしょう。

でも私、何もないキッチンに立つと、気づいてしまったのです。

ピンクの色が、ものすごく目立つことに……。

ごちゃごちゃとしたキッチンでは気がつけない感覚です。スッキリと何もないキッチンでは、感覚が研ぎ澄まされて、違和感を感じたのです。

スポンジラックは山崎実業のもの。圧縮された状態で買えるサンサンスポンジ。

ニトリのまな板。木のまな板と使い分けて。包丁はグローバル。

キッチンのスポンジの色を変えよう！ そう思ってホームセンターに行くと、黄色やピンクのスポンジばかり。まったく欲しいものが見つかりません。

どうしていまだに日用品って、色のあるものばかりなのでしょうか？

ようやく見つけた白いスポンジは、使っていくたびに色移りが気になって……。

次は黒を探そうと、スポンジジプシーが始まります。

ようやく見つけたのは、おしゃれな雑貨屋さんの一角にあった、黒いスポンジでした。

しかし、高い。買い換えるたびに、電車に乗ってわざわざ買いに行くなんてことはできない。リピ買いはありません。もっと簡単に手に入れる方法はないかと、ネットショップを探します。それでも、なかなかヒットしませんでした。

あきらめかけた頃、ようやく検索にヒットしたのは、「サンサンスポンジ」という商品でした。「これだ！　やっと見つけた！」。希望の黒を見つけたときは、本当にうれしかった。ようやくスポンジジプシーに終止符を打つことができました。

黒色で探していたスポンジでしたが、サンサンスポンジは、とても耐久性のある良い商品でした。くったりとみすぼらしく見えることもありません。

それからは、ずっとリピ買い。他を使うことは考えられません。

やっと見つけた黒のスポンジ。たったこれだけのことなのに、お皿を洗うのが楽しくなっていました。

・スポンジラックやまな板も黒でおしゃれに

キッチングッズは、黒が好きです。空間が引き締まって見える黒は、キッチンをちょっとおしゃれに見せてくれます。

サブのまな板（ニトリ）やスポンジラック（山崎実業　ｔｏｗｅｒ）も、黒を選んでいます。

黒を選ぶことで、生活感を緩和させることも目的のひとつです。

自分でも、どうしてこんなに小さなものにもこだわりを持つのか、おかしくなるときがあります。何でもいいのなら、すぐに買えて、悩むこともないはずです。

めんどくさがりのくせに、私はあえて、こっちの暮らしを選び、楽しみたいのです。

ピンクのスポンジで洗っているよりも、お気に入りの黒のスポンジで洗っている自分の方が好き。こだわった小さな、小さな積み重ねが、暮らしを自分流へと変化させてくれます。

「なんでもいいわ〜」と思っていた方も、ちょっと視点を変えて、小さなものにこだわってみてください。そこには、きっと暮らしを楽しめる何かが見つかるはずです。

5

三角コーナーと水切りカゴを処分してストレスフリー

・折りたためるエコホルダー

実家で使っていたから、当然使うものだと思っていた、キッチンの三角コーナー。

どこの家でも使っていたし、使わないという選択肢もなく、あるのが当然だと思っていました。

何も疑うことなく、同じようにしばらく使っていたけれど、私には手間を増やすだけのものでした。

シンクには、いつもゴミが丸見え、油断するとすぐヌメヌメに……。

毎回お手入れの必要な三角コーナー、もしかすると、これいらないんじゃない？

これを減らせば、お掃除の手間が減るかも！と、三角コーナーを処分。

三角コーナーのかわりに使っているのが、山崎実業のｔｏｗｅｒポリ袋エコホルダー。

ホルダーに、ポリ袋を引っ掛けて使用します。

三角コーナーは、調理時に出る野菜くずや皮などを捨てているかと思いますが、濡れるからゴミになって、ヌメリが発生し、嫌なニオイの原因になることも。濡らさなければ、野菜の一部。汚くもないし、ゴミではないのです。

このエコホルダーは他にも、洗った水筒や、リサイクルのペットボトルをひっくり返して乾かせるなど、使い道が多様。使わないときにはコンパクトに折りたためる、便利な商品です。

・食器を洗ったら、さっさと拭いてしまう

三角コーナーの他にキッチンには、水切りカゴや洗い桶もあるご家庭が多いかと思います。水切りカゴは、洗いにくさがネックとなり、つい食器を入れっぱなしにしてしまうことが多々ありました。洗い桶は、毎回洗う一手間をなくしたい。

「水切りカゴも洗い桶もいらない！」。そう思い立ったものの、ずっと使っていたものをいきなりなくしてしまうのは、少し不安でもありました。本当になくしてしまっても大丈夫か、迷いが生じます。

水分を拭き取りやすいマイクロファイバータオルはダイソーのもの。洗ったらすぐに拭くのが、一番ラク。

そこで、お試し期間を設けます。水切りカゴ、洗い桶を使わない暮らしの実験です。

その結果、水切りカゴを使わず、洗った食器はさっさと拭いてしまう方が、私には合っていました。洗い桶がなくなっても、食器は問題なく洗えます。

何より、キッチンのスペースが広くなったことが、うれしい効果でした。これで、迷いなく処分することができました。

モノを持つことで、お掃除の手間が増えます。その手間が増えて、め

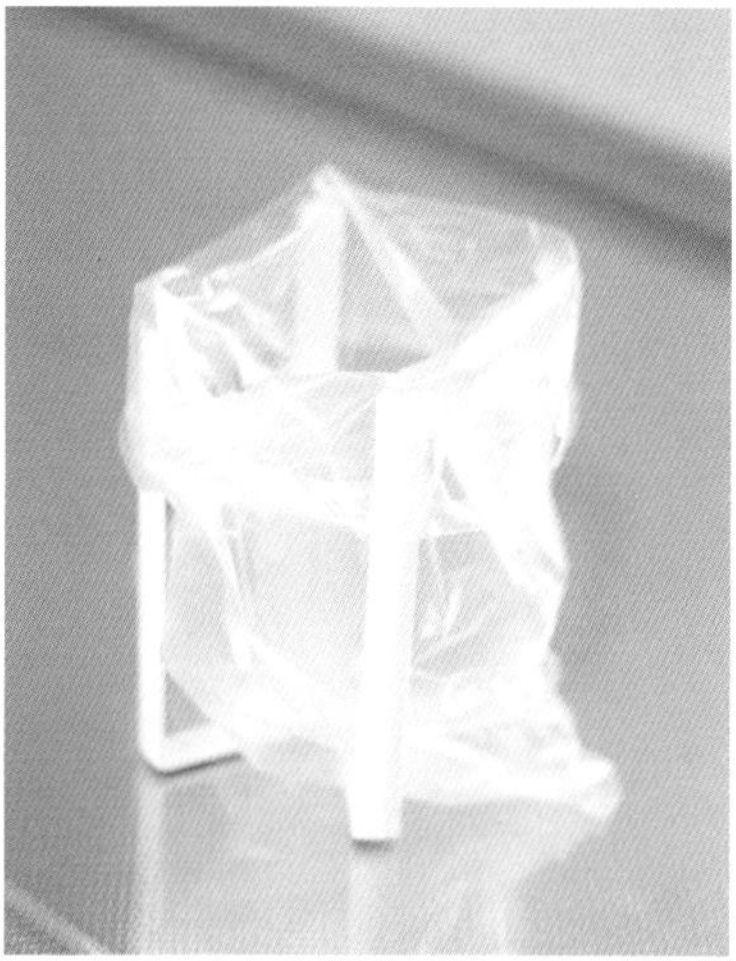

エコホルダーはポリ袋を引っ掛けて使用。使用後はそのまま袋を結んで捨てるだけ。

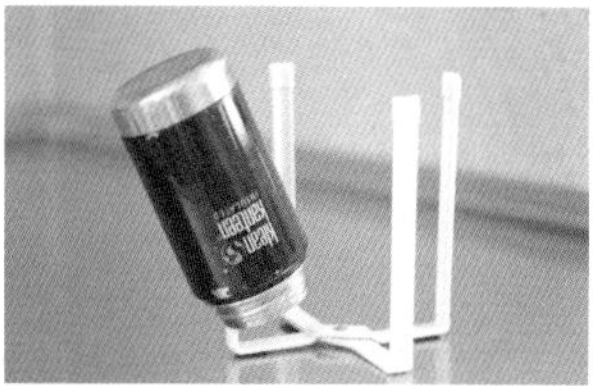

乾きにくいボトルもひっくり返して、一晩置くとスッキリ乾きます。

ぺたんとたたんで収納できるので、場所を取りません。

んどくさいなと感じるなら、手放してみるのもひとつの方法かもしれません。

絶対に必要だと思っていた、三角コーナー、水切りカゴ、洗い桶の3点セットは、私は、なくなっても困ることはありませんでした。

自分に必要かと考えることもせず、実家が使っていたからと安易な考えで、モノを選んでいました。

自分の暮らしにあったものを選ぶことは大切です。

今の時代は、情報が氾濫していま

すが、誰かが使っているとか、誰かが便利だと言っていたからの理由で、モノを選んでいては、使いこなせず、暮らしに合わず、使い切れずに捨ててしまうことにもなりかねません。

5章

いつでも「5分で片づく」家になる

1

簡単に散らかるけど、簡単に片づくように

・散らかるのは家族が元気な証拠

散らからない家があるなら、ぜひお伺いしてみたいです。

生活しているから、いつもパーフェクトな状態ではいられない。

誰かが帰ってくるたびに、モノがポンと置かれて、買い物から帰ってくると、どさっと置かれる荷物……。料理の途中には、調味料のフタが見事に開けっぱなし、料理しながら片づけるのが、私はどうやら苦手。猫たちは、おもちゃのトンネルを引っ張り出して遊んでいる。

家の中が、とたんに賑やかになり、ザザーッと暮らしが動き出す。

家族しか知らない、わが家の顔。でも私は、こちらの賑やかな方も嫌いではありません。暮らしがあるから、散らかるのは自然なことだと思います。ブログ写真のキレイな

タブレット収納に使っているのは、無印良品MDF収納スタンドA5サイズ。横置きにして使用。

部屋も、生活の一部分を切り取ったものに過ぎません。

でも、「5分で片づく家」なら、私にもできる！


盛大に散らかりはするけれど、さっと片づけられる家。

あるべきものが、あるべきところへと戻っていく家。

ちゃんと戻す場所が決まっていて、モノがブーメランのように帰っていく。

いつも完璧ではいられないけれど、5分あれば、静かなお客様仕様の部屋に戻すことができる。

5分で片づく家にするためには、モノが帰る場所をきちんと作っておくことです。片づけるための仕組み作りです。

いつも床に直置きしてしまうカバンの定位置は決まっていますか？　しょっちゅう探している鍵の場所は？　テーブルにポンと置いてしまう、ダイレクトメールの置き場所は？

うろうろと迷子になっているものが、散らかりの素になります。

新しく買ったタブレットが、リビングやダイニングテーブルの上など様々な場所に置きっぱなしになっていました。片づかないなと思っていたら、片づける場所が決まっていなかったのです。慌てて場所を作りました。

モノを買うときは、同時に置き場所も確保しておきましょう。散らかりを防止することができます。

・部屋が自然に片づく3つの呪文

「これはいい！」と思った、部屋が片づく言葉があります。

「開けたら閉める」

「出したらしまう」

「落としたら拾う」

これを、呪文のように唱えます。

1日の自分の行動を、部屋の上からビデオカメラで見ることができたら、「あ〜また、開けっぱなしだよ」「ハサミ、ほら出しっぱなし」「今、ゴミまたいだよ」って、無意識だった行動が認識できて、突っ込みどころ満載かもしれません。


誰も散らかそうと思って、やっているわけではないのです。何気なくやってしまっている小さな行動が積み重なり、部屋の散らかりを生んでしまうのですね。

部屋の散らかりをストップできるように、最小限にとどめておけるように、部屋が片づく呪文を唱え、常に片づける意識を持っておきます。

いつもいつも片づいた家ではいられないから、目標は5分で片づく家。みなさんもいかがですか？

2 「使う場所」に置き場所を作る

めんどくさがりだから、しまう場所が遠いと、「またあとでやればいっか」と先送りにしてしまう。それを防止するには、使う場所と、しまう場所を最短距離にしておくことがポイントです。

・玄関にハンコ、リビングにヘアアイロン

ピンポンとチャイムが鳴って、宅配の荷物が届く。玄関でハンコを押すから、ハンコは玄関に置いています。

以前は、ダイニングのチェストの引き出しにハンコを入れていました。ピンポンとチャイムが鳴ったら、引き出しを開けて、ハンコを取り出し、玄関に持って行って押印。反対の流れで、また元の場所にしまいます。

だけど、届いた荷物をすぐに開けたいのと、戻すのがめんどくさくなって、ついどこ

かにポンとハンコを置いてしまう。そして、あれどこ行った？と探す。まるでハンコに足がついているかのように、しょっちゅうなくしていました。

現在は無印良品のネーム印と、同じく無印良品の歯ブラシスタンドを使って、ハンコを玄関に収納しています。玄関で使ったら、歯ブラシスタンドにポンと立てて、すぐにしまうことができます。それからは、「あれ？ どこ行った？」はありません。

髪の毛を巻くヘアアイロン、洗面所に収納されていることが多いかと思います。わが家は、娘たちがリビングに座って髪を巻くことが多いので、ヘアアイロンの収納場所を洗面所からリビングに移動しました。

ちょっと変わっていますが、テレビボードの引き出しに入れています。メイクボックスも、リビングでメイクをするから、同じくテレビボードにあります。

使う場所の近くに置いておくと、使うときにも、しまうときにも、とても便利です。

・キッチンバサミを引き出しから壁掛けへ

キッチンバサミを、キッチンの引き出しに入れていました。

使うときに引き出しを開けて、キッチンバサミを取り出し、使って、しまう。そうしょっちゅう使うわけではないので、この動作も特別苦ではありませんでした。

けれども、猫を飼い出して、フードやおやつの袋を開封するのに、キッチンバサミを使う回数が増えました。待ったなしの猫のため、すぐに取り出せるように改善しました。フィルムリングフック（100円ショップ）をコンロの壁に貼り付け、リングにハサミを収納します。すぐに取り出せ、しまえるようになりました。片手で出す、しまうができるようになり、つい置きっぱなしにすることもなくなりました。

「普通は、ここに収納でしょ」という常識の壁を取っ払って考え、「使ったら元に戻す」がスムーズにできるように指定席をつくっておくと、めんどくさいが顔を出さずにすみます。

1日の行動をよく考えて、ラクに片づけられる場所へとモノを移動しましょう。

玄関に置きたいハンコは、無印良品の歯ブラシスタンドに立てて。転がって紛失するのを防げます。ネーム印は無印良品のものがサイズぴったり。

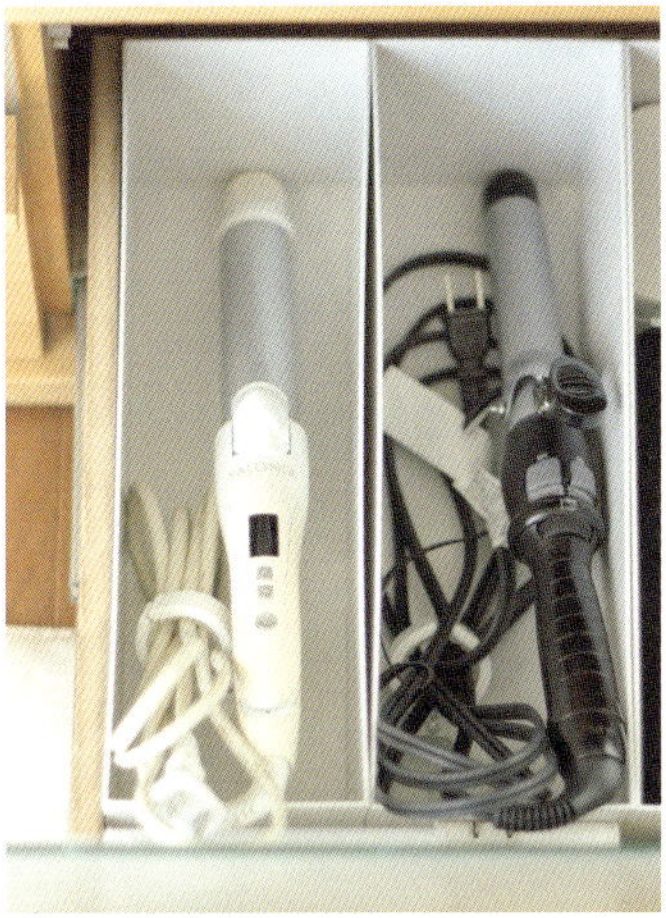

テレビボードの引き出しにヘアアイロンを。無印良品のファイルボックスハーフにひとつずつ入れ、出し入れしやすく。コードクリップでからまり防止。

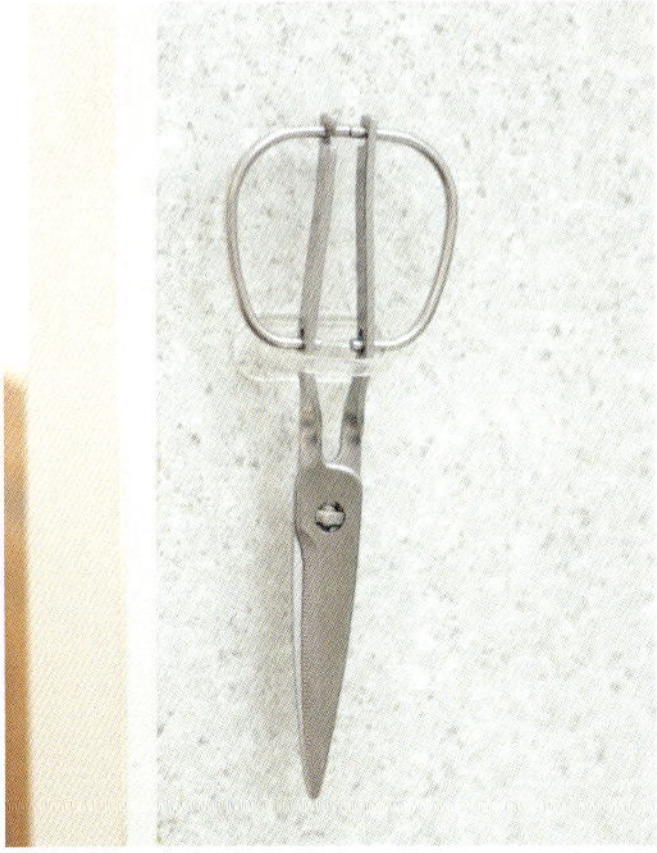

コンロ脇の壁面にリングフックをつけ、キッチンバサミの定位置に。さっと手に取れて便利。ハサミは鳥部製作所キッチンスパッター。

3

何もないリビング。ソファも手放しました

・いつの間にか誰も座らない荷物置き場に

今の家に引っ越したときに、リビングにソファを購入しました。ふわふわのクッションが2つついた、お気に入りのソファでした。

うれしくて座っていたのは、初めだけ。次第に、誰も座っていないことに気がつきます。クッションを引っ張り出して床に座り、ソファを背もたれにしていたのです。

リラックスして座るには、ソファの座面では狭すぎることも原因です。

やはり、畳育ちの日本人は、床に座る方が落ち着いていられるのだと思います。

時には、幼い娘たちのトランポリンになり、ソファ＝座ることとは無縁になっていました。

本来の役目を果たすことのないソファ……。ただの部屋の飾りになっていました。今

から10年ほど前のことです。

「座っていないのなら、ソファをなくそう」。そう思って、処分に踏み切りました。

ソファをなくしたら、大きな開放感が。リビングに鎮座した座ることのないソファは、相当な場所を取っていました。

ソファの上にコートやカバンが、バサッと置かれていませんか？　洗濯物が積み上がっているお宅もあるかもしれません。

座っていないのに、ちょい置きに便利なソファはモノの吹き溜まりの場所になります。

ソファの下のデッドスペースに、何かを収納していませんか？　それ、本当にいるものでしょうか？　掃除機の入るスペースを開けておく方が、清潔に保てます。

・ソファは掃除の手間を増やしていた

ソファをなくしたメリットは、お手入れをしなくていいこと。

娘たちも小さかったので、隙間にはお菓子やホコリが溜まり、手入れするのが大変で嫌になっていました。重いソファを移動しての掃除。見えない部分にホコリが忍び込み

今から10年ほど前のリビング。ソファやピアノで部屋は圧迫感がありました。

→

現在のリビング。必要最低限のもの。壁には時計やカレンダーもありません。

やすく、いつも気になっていました。ソファカバーを洗う一手間も必要です。

ソファを手放すと、めんどうなことから解放されて、とてもラクになりました。

ソファをなくしたら、床に座るための広いラグが必要になりました。

一時期、夏はラグを敷いていないときもありましたが、フローリングでは家族がくつろぐことができません。

我が家は薄いラグの下に、下敷き専用ラグという商品を使って、ふんわりと座れるように2枚重ねで工夫しています。薄いラグを使うのは、洗濯機で洗えるので、頻繁に洗っても苦にならず、早く乾くからです。

ソファがなくなって、家族がゴロゴロしていますが、それはそれでリラックスしている証拠なのだと思っています。くつろげるリビングが一番です。

「リビングにはソファがあるもの」という固定観念にとらわれていました。こうあるべきという決めつけをなくすことが、大切なのだと思います。

そうすると、自分の家には不要なものが見えてくるでしょう。みんなが使っているからという安易な考えではなく、わが家の暮らしに必要かどうかを考えます。

みなさんの家にもソファがあったら、よく観察してみてください。座っているのは人ではなく、ちょい置きのカバンや服かもしれません。あまり座っていないなぁと思われたなら、処分してスッキリするメリットをぜひ、味わってみてください。

下敷きラグは、ふかピタPLUS。薄いラグも高級感のあるラグに。

4 リビングのゴミ箱。なくしても案外困らない

・洗面所のゴミ箱までほんの数歩

「リビングにゴミ箱があるのは当たり前でしょ」。そう思われる方もいることでしょう。わが家にも当たり前に、ありました。リビングの隅っこには、ゴミ箱。何も疑うこともなく使っていました。

あるときから、掃除機をかける際にいちいち移動させるのがめんどうで、「リビングにゴミ箱っているかな？」と思い始めました。

ゴミ箱に入っているゴミが見えるのが嫌なことも、おしゃれなゴミ箱が見つからないことも、置きたくない理由です。小さなお子様やペットがいると、ゴミ箱を倒してしまう心配もあるかもしれません。

リビングでゴミが出るタイミングを予想してみました。

1つ目は、お菓子を食べたとき。

食べ終わったお菓子のゴミが出ます。あらかじめ、キッチンでお菓子のパッケージを捨てておき、お皿に入れてあげることで解決します。

2つ目は、ティッシュを使ったとき。

わが家は、リビングにティッシュを置いていません。生活感あふれるティッシュをリビングに置きたくないことと、使った後ゴミになるティッシュは、ゴミ箱の近くに置くことがベストだと考えます。

ティッシュとゴミ箱は、セットで洗面所に置いてあります。必要なときは洗面所へ行き、洗面所のゴミ箱へ捨てます。

娘たちが小さい頃には、消しゴムのカスや工作の紙くずなどもありましたが、大人になった今はゴミも少なくなりました。

そもそもリビングで出るゴミが少ないのなら、ゴミ箱をなくしても困らないのではないかと思いました。

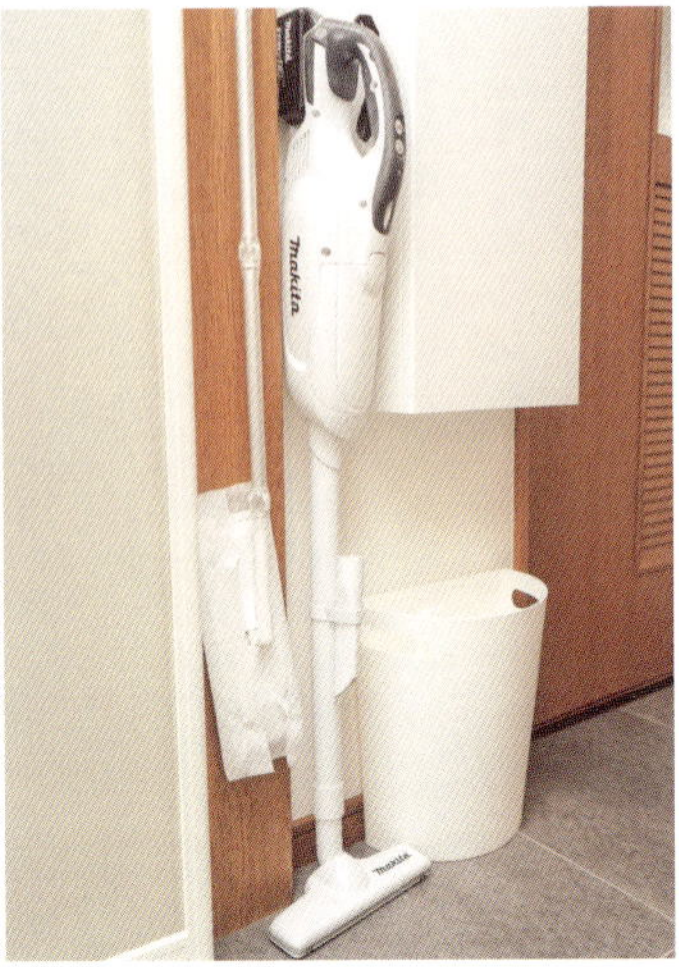

洗面所のゴミ箱は、半円形のものが壁にぴったりとしておさまりが良いです。

キッチンのゴミ箱はkcudスクエアプッシュペール30L。

・朝の回収作業がなくなり時短

けれども、今まで当たり前に置いていたゴミ箱をなくすことは、はじめは家族の反発にあいました。そんなときは、いったん引き下がります。

数ヵ月後、「リビングにゴミ箱いる？」と聞くと、「いらない」に変化していました。その間に、あまり使っていなかったことを実感してくれていたのだと思います。

ようやく、数ヵ月がかりでリビングのゴミ箱をなくすことに成功しました。

これで、掃除機もスイスイかける

ことができます。

わが家のように広くない家には、キッチンと洗面所のゴミ箱で事足りるのです。ほんの数歩の距離を歩くだけで、ゴミ箱に到達できます。

「リビングにゴミ箱いりますか？　ゴミですよ、ゴミ」と、テレビで言っているのを聞いて、「うちと同じだ！」と思ってうれしくなりました。

くつろぐリビングに、ゴミは必要ありません。

ゴミ箱の数だけ、ゴミを集めて、袋をセットする作業が増えます。

朝の慌ただしい時間の回収作業がなくなったことが、大きなメリット。時間短縮にもなりました。

リビングにゴミ箱を置かなくなって、もうずいぶん経ちますが、買い直そうと思ったことは一度もありません。わが家にとっては、なくしてみても困らないものでした。

5 granataの家具のこだわり

・脚がすっと美しいリビングテーブル

今から約10年前のこと。リビングに置く小さなテーブルを探していました。お店ではなかなか気に入るテーブルが見つからず、ネットを探して出会ったのが、「granata（グラナータ）」です。

家具職人が作る精密で美しい家具が揃う、福岡工場直営のネットショップです。好みの素敵な家具の写真が並んでいました。

本物を見ずに、大きな家具を買うことに躊躇しましたが、まずは家具に使われている木の無料サンプルを取り寄せました。安価な海外製品にはない木のぬくもりが、小さなサンプルからも伝わってきました。

「これだ！」。やっと見つけた、アルダー材のリビングテーブル。

わが家の愛猫ameちゃんもお気に入り!? granataアルダー材リビングテーブル。大き過ぎないので移動もラク。

注文して、約1ヵ月で、ようやく到着します。

職人さんが作ってくれている様子を想像しながら、まだか、まだかと待ちわびます。ネットショップの写真を何度も見ながら、部屋に置いたところを想像しました。

やっとテーブルが届いたときには、感動！ リビングの小さなテーブルを変えるだけで、部屋がパッと明るくなりました。

それから、わが家の家具は少しずつ、granataの家具へと変更しました。

・配線のごちゃつきを隠してくれるチェスト

モデムやルーターのごちゃごちゃした配線が、とても気になっていました。ルーターをカゴに入れて、布で隠してみたりもしましたが、見た目にも悪く、掃除もしにくい。配線にまでホコリが溜まってしまうことがありました。

ｇｒａｎａｔａにありました！　ビスコットシリーズのドロワーテレフォンという商品です。

ウォールナット、アッシュ、ビーチ、メープル、アルダーの５種類の木目が、まるでビスケットのように並ぶ家具は、ダイニングのアクセントにもなりました。

引き出しが並んでいるように見える扉をパカッと開けると、モデムやルーターを隠して置けるようになっています。

ごちゃごちゃした配線が見えなくなると、とてもスッキリしました。

granata ビスコットシリーズ　ドロワーテレフォン。
一見、普通のチェストに見えるところがいい。

悩みのタネだったモデム、ルーターを目隠し収納。裏側には背板がなく、配線しやすい。

細く小さな引き出しには、ハサミ、カッター、ボールペンなどの文房具を入れて。立ったまま取り出せる腰の位置。

・PCデスク、テレビボードも統一

リビングの隅っこに、パソコンコーナーがあります。無機質ではない、木のテーブルを探していました。一番最初に探すのは、やはりｇｒａｎａｔａの家具です。久しぶりにネットショップをのぞくと、素敵なデスクがありました。デスクトップのパソコンが置ける、幅80㎝のデスク。リビングテーブルの脚とデザインが同じです。テレビボードもｇｒａｎａｔａの家具です。素材は、優しい色が好きなアルダー材で揃えています。

お気に入りの家具を見つけておくと、部屋に統一感が生まれます。特別高価な家具でなくてもいいのです。家具に触れたときに、うれしくなる気持ち。しょっちゅう買い替えできるものではないので、何年経っても買ってよかったなと思う家具選びをしたいと思います。

こだわった家具のある部屋は、お気に入りの空間になります。

ここで毎日ブログを書いています。椅子はイームズチェア、ワームグレーを選びました。足元にはイケアのフットレストを置いて。

パソコンデスクの引き出しには、コード類を収納。小さなケースで中を仕切っています。
ブログにアップする写真は愛用のキャノンのデジカメで。

6

電池や鍵、絆創膏…すぐ迷子になる小物こそ定位置を

爪切り、耳かき、体温計、電池といった細々したもの、すぐに見つかりますか？　モノを迷子にさせてしまってはいけません。すべてのモノに居場所を作ってあげましょう。

・小さいケースでそれぞれ管理

どこに何を入れようか決まったら、まずサイズを測ります。

いきなり収納ケースを買いに行くのではなく、ぴったりのサイズを測ってムダのない収納をします。１００円ショップに行くときも、メジャーを持参します。モノのサイズを確認しながら、適切なケースを選びます。

このとき、ケースの深さも注意してください。フタがあるものだと、閉まらなくなることがあります。

引き出しの中に何を入れるか、どんな収納ケースが適切なのか考えて、簡単な図を書いておくと完璧です。

無印良品のオンラインショップも、よく利用します。サイズの記載があるので、収納のイメージがしやすくなります。

半透明で、中身がうっすらと見えるポリプロピレンシリーズの小物収納を、あちこちで使っています。

よく使う電池。使うたびに「電池どこ?」と聞かれていました。

家族みんなが把握できるように、電池を1ヵ所に集めました。わが家ではテレビボードの中です。よく電池交換するのが、テレビやエアコンのリモコン。なので、テレビボードに置いておくと、近くて便利。電池の大きさごとに収納します。

テレビボードには靴擦れをしたときや、指を切ったときのために、絆創膏と消毒液をセットで1つのケースに入れています。同時に使うものは、まとめて入れておくのが便利です。

ボタン付けができるくらいの簡単な裁縫セットも、ひとつにセットして。リビングでボタン付けをするので、テレビボードの引き出しに入れています。

・分別ごとにゴミ袋をホルダー収納

私が住んでいる地域では、ゴミの分別が4つに分かれています。それに伴って、ゴミ袋も4種類あります。

取り出しやすいように、収納の工夫をしてみました。使ったものは、無印良品ファイルボックスとハンギングホルダー。種類別に、ホルダーに引っ掛けるだけだから、しまいやすく、取り出しやすく収納できます。

契約書や年金手帳、保険証券など、家には捨てられない重要書類があります。

大切な書類は1ヵ所に集めて、情報ステーションを作っておきましょう。

無印良品のファイルボックスと、個別フォルダを使って書類の整理をしています。書

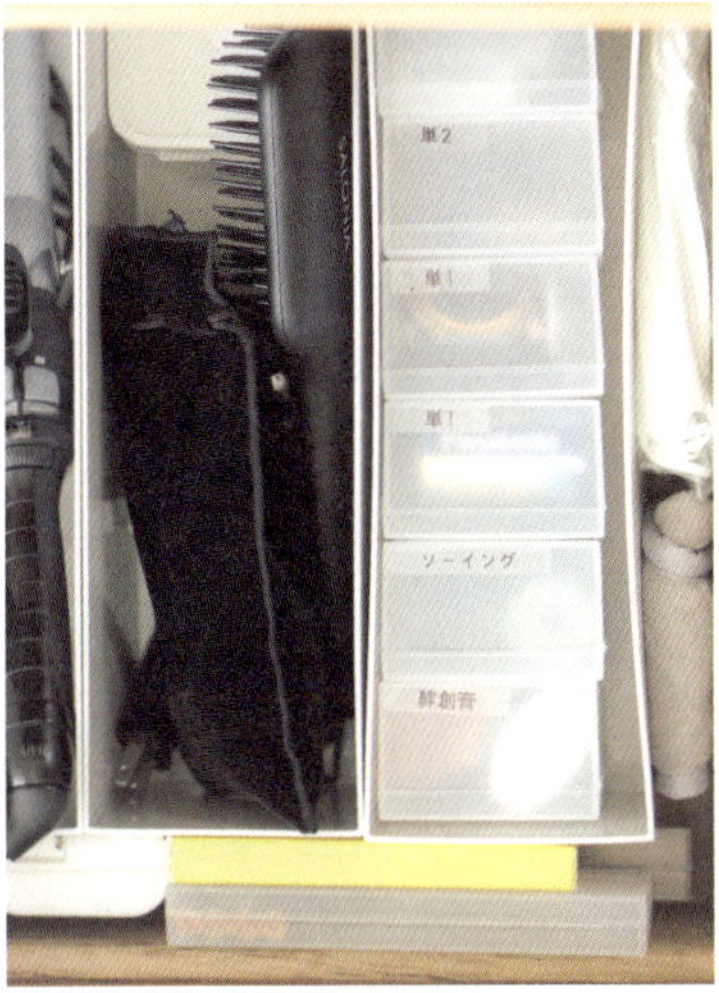

テレビボードの引き出し。パッと見て何が入っているかわかるように、ラベルを貼って分類。

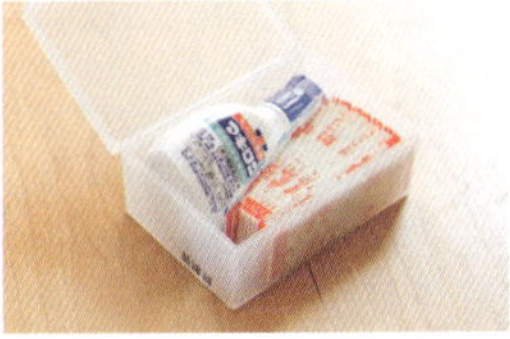

一緒に使う絆創膏と消毒液はセットで収納。

糸、針、ハサミをセットで。簡単なボタン付け用に。

電池はサイズごとにケースに保管。在庫管理もしやすい。

類はクリアファイルに入れておくと、折れたり汚れたりしないので、キレイな状態で管理ができます。

・鍵はカバンにヒモでくくりつけるアイデア

いつも鍵の場所を探していませんか？

そういう私も、よく「鍵がない、鍵がない」と探していました。

急いで出かけるときに限って、鍵がない。

家の前まで帰ってきて、玄関に入ろうと思ったら鍵が見つからない。カバンの底の方に潜り込んで、慌てて探すなんてことをよくやっていました。

玄関前でゴソゴソせずにすむように、鍵にヒモをくくりつけておくことにしました。

ヒモを手繰っていけば、鍵が見つかるという仕組みです。ヒモは、革で編まれたものを選んで、カバンの持ち手のところに取り付けておきます。

どこかにポンと置いたら、すぐに迷子になってしまう鍵の定位置を、カバンの中に決めました。これで、出かけるときも慌てなくてすむようになりました。

ゴミ袋のストックは、ハンギングホルダーに引っ掛けるだけの簡単収納。1枚ずつ取り出せて便利です。

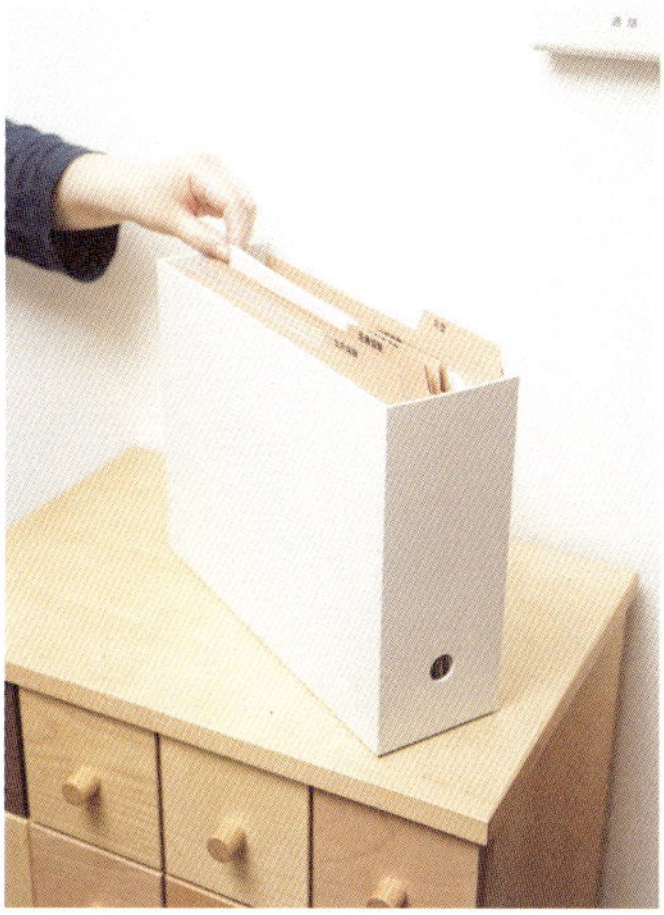

保険や年金関係など重要書類は、個別フォルダにラベルを貼って保管。迷いなく取り出せる。

すぐに迷子になっていた鍵。カバンの中に定位置を決めることで、探すことがなくなりました。ヒモやパスケース、キーホルダーは革で揃えて。

7

洗面所は「壁面収納」を駆使して生活感を消す

・歯ブラシも隠し、ハンドソープはおしゃれボトルで

洗面所はモノが多い場所です。家族それぞれの好みの化粧水や整髪料があり、年頃の娘さんがいらっしゃるお宅には、わが家のようにきっと、たくさんのモノがあると思います。

デザインや色、形がバラバラだから、ごちゃごちゃと生活感があふれる場所。そして、汚れやすい場所でもある洗面所は、できるだけスッキリとしておきたいものです。

洗面所にはモノを出さないように、使ったらしまうを心がけています。

数年前にリフォームをしたとき、私の一番の希望は、洗面所の鏡裏収納をつけることでした。

使いにくい頭上の造り付け収納をやめて、壁面にイケアの扉付きの収納棚を取りつけ

狭い洗面所は、モノを出さないようにしています。リフォーム前は頭上に造り付け収納がありましたが、モノを押し込めるだけなので、取り外しました。

ました。

たった奥行き12㎝（内寸8㎝）なのですが、ブラシや化粧水のボトルなどの雑多なものを隠すには、十分なサイズです。今まで、収納がなくて出しっぱなしになっていたものを、一気に目隠しできました。

モノが多いと掃除もしにくくなってしまうので、何も出さないことが一番です。

しかし、洗面所に収納がなくて、お困りの方もいらっしゃることでしょう。5つのことを心がけると、生活感あふれるスペースが解消します。

1　出しっぱなしになるものは素敵なデザインのものを選ぶ
2　剥がせるラベルは剥がしておく
3　詰め替えボトルに入れ替える
4　ロゴが見えない深い容器にまとめて入れる
・湿気の多い洗面所には、天然素材のカゴは不向き
・容器は中身が見えない白を選ぶ

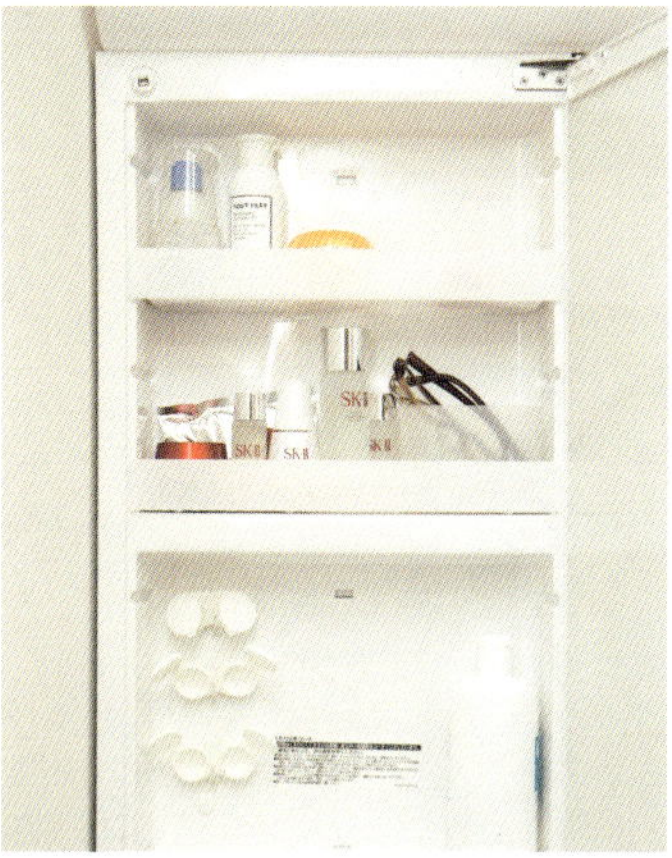

洗面所の鏡裏。置き場所に困るコンタクトケースは、フックに引っ掛けて。

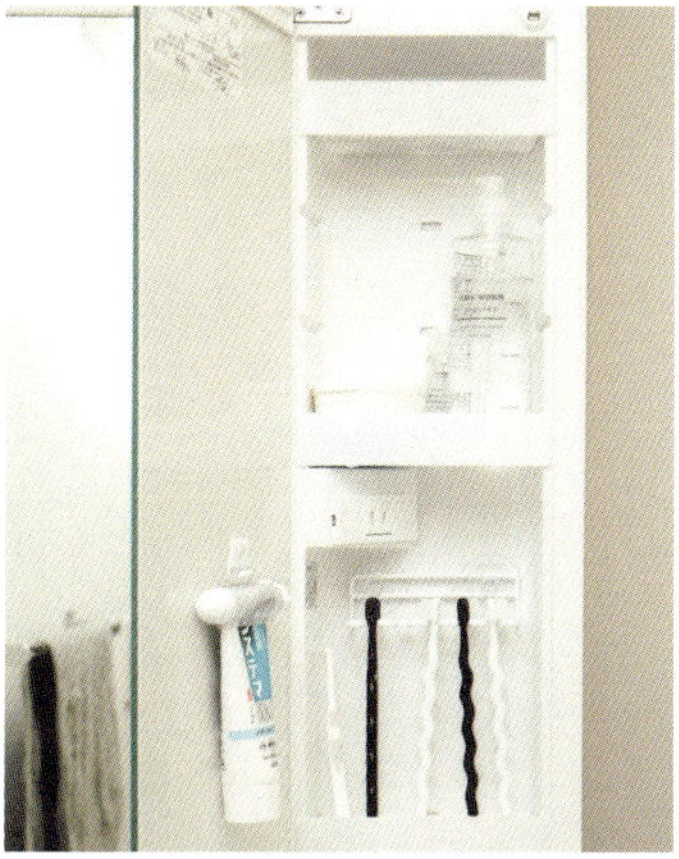

鏡裏右側。黒と白の歯ブラシは、楽天市場で購入したゼブラシという商品。

洗面台の反対側、お風呂の入り口近くの壁にイケアのキャビネットを取り付け。奥行きたった12cm。タオル類の落下防止に突っ張り棒を。

5　タオルの色を揃え、たたむ向きを揃える

収納がなくても、色を揃える、ロゴを見せない工夫をするだけで、ずいぶんとスッキリした印象になります。ホテルが居心地が良いのは、雑多なものがなく、シンプルにまとまっていて、目から受ける刺激がないからです。

・コットンケースのフタをなくす

洗面所の下は引き出し収納になっています。

引き出しの中には爪切り、ドライヤー、歯ブラシ、シャンプーのストック、コンタクトレンズ、洗剤などを入れています。


引き出しを開けて、ワンアクションでとれることを意識します。

以前、引き出しの中に、フタのついたコットンケースを入れていました。すると、フタは見事にいつも開けっぱなし。

引き出しを開ける↓ケースのフタを開ける↓コットンを取り出す↓ケースのフタを閉

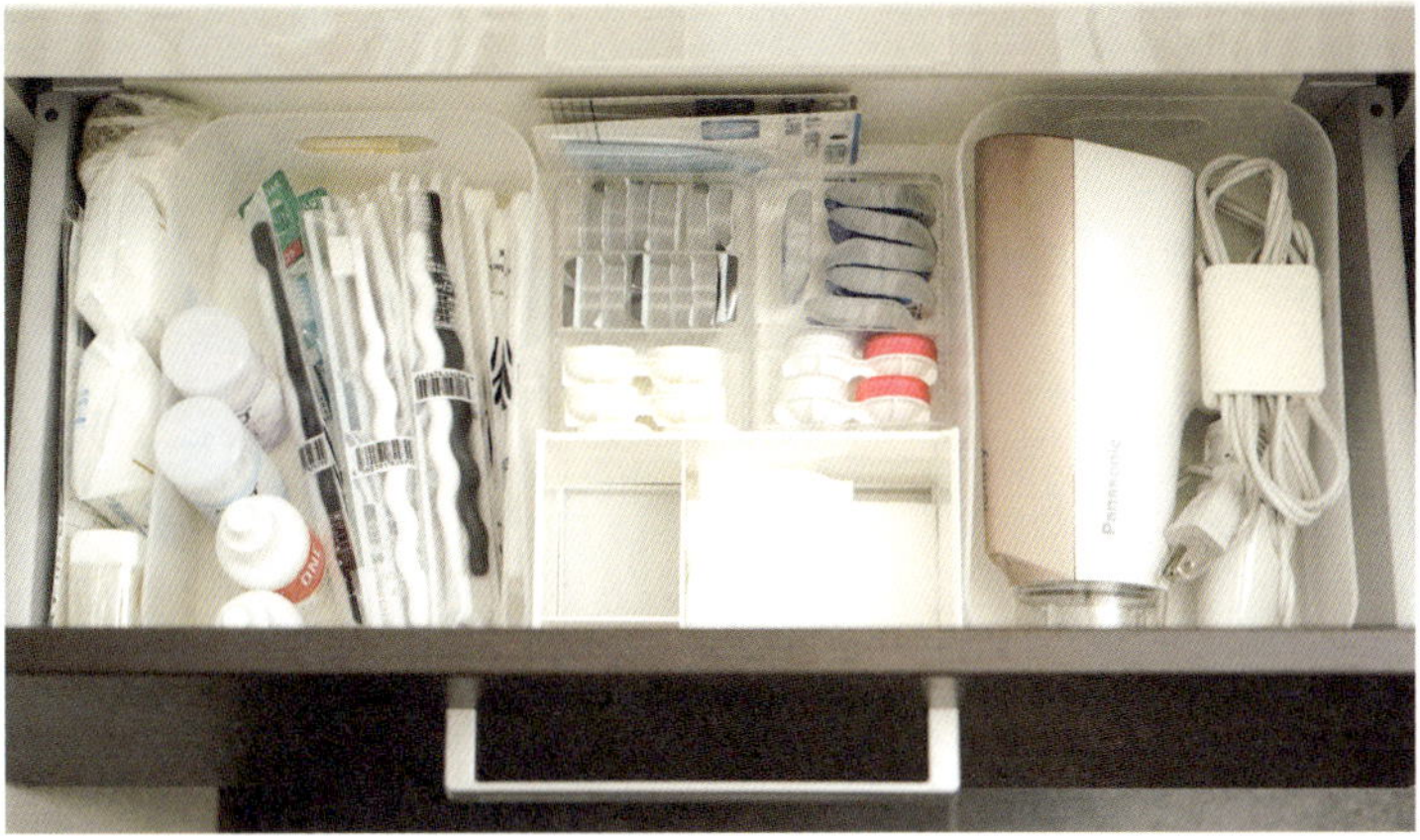

洗面台下の引き出し上段には、取り出しやすい位置にドライヤーを入れています。コンタクトや歯ブラシのストックはここに。

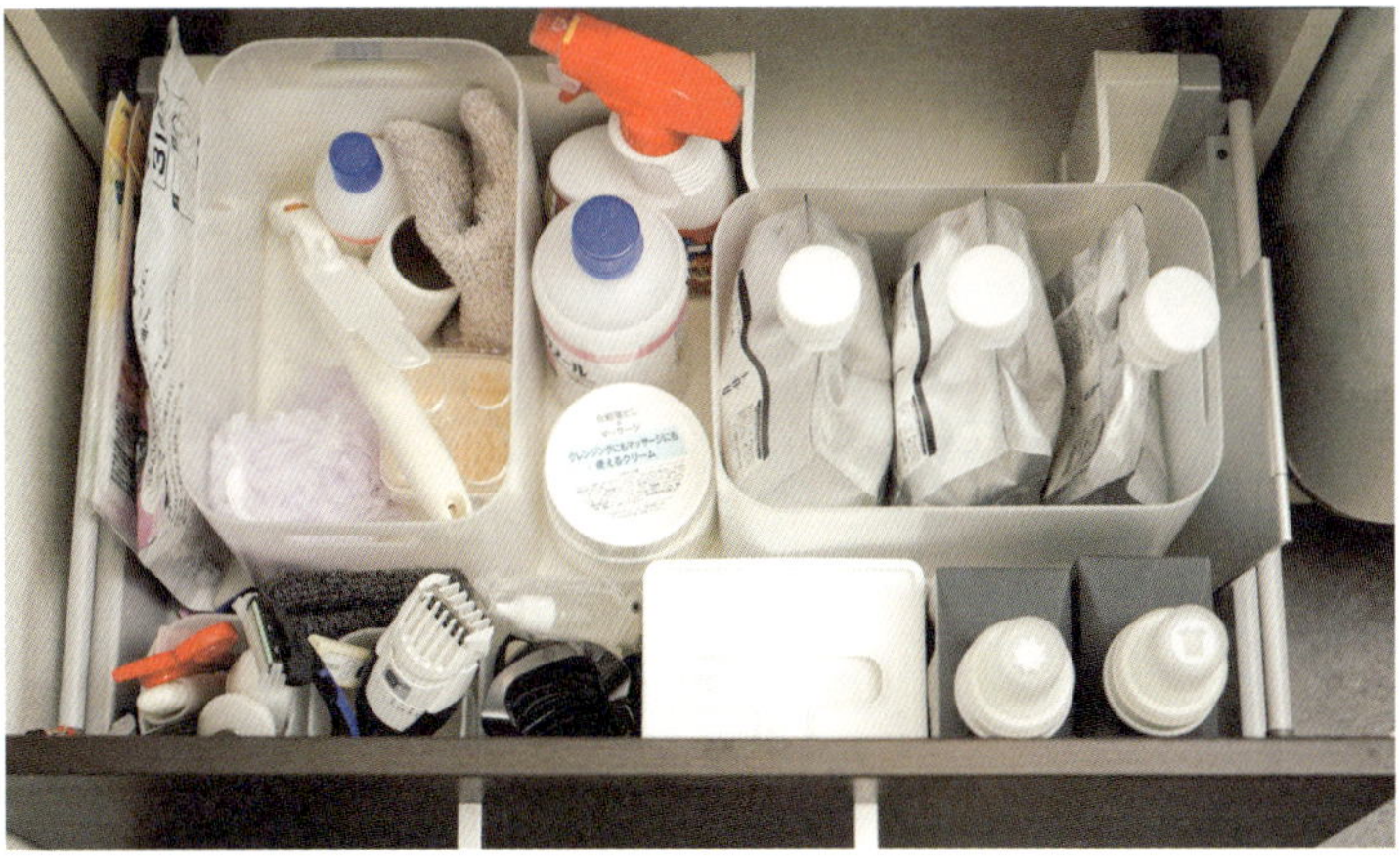

毎日使わないおしゃれ着洗剤や漂白剤は、下段の引き出しの中へ。シャンプーストックや掃除関係のものも入れています。

める→引き出しを閉める

文字にしてもややこしい収納をしても、うまくいくはずがありません。フタ付きのケースに入れていたのは、見映えを良くするため。でも、そんなことより、家族が使いやすいことが一番です。フタを取り払い、ワンアクションで取れるように改善しました。

コンタクトユーザーです。2週間使い捨てのレンズなので、常にストックがあります。まずは購入したら、先に箱から出しておき、収納ケースに並べます。つながったレンズは、ひとつずつ先に切り取ります。手間の先取りをして、すぐに使えるようにしておきます。

引き出しの中にそのままドライヤーをしまっていると、いつの間にか髪の毛が入り込んでいます。髪の毛はつかみづらくて、まさに髪の毛との戦いです。

トレーの中にドライヤーを置くことで、トレーをひっくり返すと、髪の毛を簡単に払うことができます。

8 履かない靴も、差さない傘もない玄関

・玄関は家の顔

枯れた植木鉢があったり、ほうきが倒れていたり、何人家族？というほどの靴が散乱していたり……。

玄関は家の顔とよく言われます。お客様が一番初めに目にする場所、そして家族を送り出し、温かく迎える場所を整えておくこと。家の中でも玄関は、とくに大切な場所だと思っています。

風水的にも、靴を出しっぱなしにするのは、良くないことと聞きます。

私はそれ以前に、ごちゃっとする玄関が嫌なのです。その日履いた靴は、しばらく乾かして、靴箱にしまいます。

ちょっと外に出るときのサンダルだけを残して、玄関のたたきは何もない状態を作る

とスッキリします。

玄関に何本も傘がありませんか？　家族が4人なら、傘も4本でいいはずです。折れた傘の捨てるタイミングをなくしてしまったのか、それとも急な雨にビニール傘を買ったのか。いつの間にか、玄関をたくさんの傘が占領していることがあります。「うちの玄関、なんだかスッキリしないなぁ」と思ったら、傘立てからあふれ出た傘のせいかもしれません。

家族分以外の傘は、捨ててしまっても大丈夫。ひとりで傘を2本差すわけにはいきませんから……。

わが家の傘立ては、4本しか差せないタイプのものです（イデアコ アンブレラスタンド ミニキューブ）。数を決めてしまうと、これ以上傘を増やせない効果もあります。

急な雨のためには、折りたたみ傘を用意しておくと安心ですね。

私は晴雨兼用傘を使っています。日傘と折りたたみ傘を一緒にすると、収納の場所もとりません。

家族が出かけるときは、家事をしていてもいったん手を止め、必ず玄関まで行き、「行ってらっしゃい。気をつけて」と見送ることにしています。

家族全員の靴。数を絞って。フォーマルな靴は、箱に入れて別の場所で保管。洗車セットや靴磨きセット、工具などを無印良品ファイルボックスに収納しています。

4本しか入らない傘立て。4人家族、4本の傘で十分です。傘立てはイデアコ。隙間にぴったり入る。

靴入れ横には引っ掛け収納を。袋の中には日焼け止め。玄関に置いておくと、出かける前にさっと塗れます。

・日焼け止めなどを引っ掛け収納

玄関に無印良品「壁に付けられる家具シリーズ」の長押《なげし》を、取り付けています。

いざというときのための懐中電灯や、ちょっと掃除をするのに便利な小さい箒、玄関でさっと使いたい日焼け止めなどは、小さなバッグに入れて、フックを使い、引っ掛け収納しています。

収納する場所を決めておくと、モノが使いやすくなります。

何年も、ただそこに置きっぱなし

になっている、雑貨。ドライフラワーや置物、絵。

毎日愛でているのなら、それは大切なもの。そうではなくて、飾っていることすら「忘れてた」、もしくは「もらったものだから、なんとなく玄関に」。本当に、必要ですか？

モノが多い家には、この「なんとなく」がとっても多いように思います。

靴箱の上に何もなければ、さっと拭くことができますよ。

6章

もたない暮らしのシンプル掃除術

1 モノがないから、コードレス掃除機で一気に掃除

・マキタのスティッククリーナーがとても便利

大きな車輪がついて、後ろからゴロゴロついてくる掃除機。腰をかがめてコードを何度も抜き差しして、「あ〜腰が痛い」。2階へ運ぶときには、重くて重労働だから、「2階の掃除は、今日は……まぁいっか」。大きな掃除機の収納がめんどうだから、ちょい置きすると、誰かがつまずく……。

「あ〜、あとちょっとコードが足りない」とか、引っ張ってもついてこないと思ったら、後ろでひっくり返ってる……ということがしょっちゅうありました。

象の鼻のようなホースも、大きな車輪も、コードもなくしたい！と選んだのは、マキタのコードレス掃除機。新幹線の掃除にも使われている、業務用の掃除機です。

掃除機を使うたびに組み立てて、コードを差して、重い掃除機を運ぶなんて、めんどくさい。めんどくさがりやさんにもぴったりなのが、コードレス掃除機です。

コードレス掃除機のイメージといえば、ゆるゆるな吸引力で、あんまり吸わないのでは？と心配になりますが、マキタはその心配がありません。

2階の掃除も苦になることがなく、階段も簡単に掃除することができて、軽いので持ち運びもとてもしやすくなりました。

コードの抜き差しがいらないって、本当にラクです。気になったときに、立てかけた掃除機のスイッチを押すだけで、すぐに使うことができます。

もちろんコードレスですので、充電も必要になりますが、充電時間は約20分と短時間です。

・平面だけの掃除は楽しみになるほど

はじめて使うとき、コードレス掃除機だけで大丈夫かと心配でしたが、大きな掃除機の出番はいっさいなくなり、処分しました。

わが家にはマキタのコードレス掃除機だけで十分でした。

以前使っていた掃除機は、ヘッドのブラシ部分がくるくる回るもので、そこに髪の毛が絡まって、とてもお手入れがしにくいものでした。作りがシンプルなものが、お手入れも簡単で良いのです。

最近では、ロボット掃除機もありますね。掃除をして、勝手に充電までしてくれる掃除機がうらやましくもあります。でも私は、掃除をする楽しみもちょっと残しておきたいのです。

めんどくさがりやのくせに、おかしな性分です。

コードレス掃除機は、組み立てもいらない、コードも差さなくていい、立ったままで掃除がラクにできます。手軽さを知ってしまったら、もう二度と、大きな掃除機には戻れないと思っています。

気になったときに、サッと取り出せること。

換毛期の猫の毛も、パンくずも、すぐにキレイにできること。

マキタのコードレス掃除機で、掃除がこまめにできるようになりました。吸引力を落とさないよう、紙パックの取り替えも忘れないようにします。

簡単に出せて、簡単にしまえることが、掃除をラクにしてくれます。

友人にも、コードレス掃除機の魅力を熱く語っていましたら、購入して、とても気に入ってくれています。

子どもの頃、掃除機のボタンを押すと、シュルシュルとコードが巻き取られていくのが不思議だったことを思い出しました。懐かしいです。コードレス掃除機が主流になって、いつの日か、大きな掃除機もなくなっていくのかもしれませんね。

2 テレビ裏の手が届く場所に掃除道具を置いてます

・ホコリに気づいたら、さっとモップがけ

テレビの電源をオフにしたときに、ギョッとするテレビ画面の汚れやホコリ。静電気の影響を受けて、ホコリが溜まりやすく、黒いテレビがうっすら白く見えることありますよね。

テレビが汚れてるなと気がついたら、すぐに行動に移せますか？お恥ずかしながら、めんどくさがりな私は、目をつぶってしまいます。わざわざ掃除道具を取りに行くのがめんどくさい……。

そこで、考えました。「わざわざ」がめんどくさいなら、ちょっと手を伸ばせば、掃除道具が取れるようにしておこう！……こうして、テレビ裏に掃除道具を置くことにしました。

テレビボードの裏に、ハンディモップを置いています。ケースに穴が空いており、フックにかけて使用。床に直置きしないので、倒れたり邪魔になったりしません。

掃除道具に選んだのは、無印良品のマイクロファイバーミニハンディモップという商品です。

使い捨てのハンディモップは派手な色で、出しっぱなしにはできないものでした。

派手な色が1つあるだけで、リビングの中で浮いて見えてしまうのです。

無印良品のハンディモップは、色は「グレー」です。ちょい置きしても、グレーなら悪目立ちしません。おまけにケース付きで、自立もします。使いたいときに、ケースからサッと取り出すことができます。

汚れたら洗えて、モップ部分が買い替えられることも、購入の決め手となりました。ハンディモップでひと撫でするだけで、ホコリを吸着してくれます。

掃除道具を近くに置くことにより、掃除がラクになりました。目をつぶることもなくなりました。

ちょっとしたことですが、無事に解決です。

・洗面所にグレーのアクリルたわし

毎日掃除しないとすぐに汚れる場所は、洗面台。

鏡や蛇口の水ハネを放置しておくと、白く水アカとなってしまいます。手を洗ったときや歯磨き中の反対の手で、ついでに掃除を済ませられるよう、掃除道具を目につく場所に置いておくことにしました。

選んだのは「アクリルたわし」です。

洗面所のテーマカラーであるグレーのクロスデザインを購入。壁紙や、洗剤ボトルの

アクリルたわしで撫でるだけで、蛇口がピカピカになります。楽天市場で購入した、washwashアクリルたわし。

色とあわせました。北欧っぽい、アクリルスポンジです。おしゃれに見えるので、出しっぱなしにしてもOKになりました。

洗剤のいらないエコなアクリルたわしは、水だけで簡単に汚れが落ちます。

細い繊維が汚れを絡めとり、油汚れも落とせるので、食器洗いに使ってらっしゃる方もいるようです。

アクリルたわしの注意点がありま す。水に濡れる場所で使うため、水切れが悪いとすぐにぬるぬるに。

ぬるぬるを防止するために、洗い

替えで3つ用意しました。定期的に洗い、日光消毒します。3つをローテーションで使ったら、いつも清潔に使えます。

水道蛇口の気になる水アカをアクリルたわしで、さっと撫でるだけで、ピカピカになります。あとは、交換するタオルで水分を拭きあげ、鏡を磨いておきます。

1日1回のリセットで、キレイをキープします。

掃除は、汚れてからするものではなく、汚れないようにするのが掃除なのだそう。これにはまだまだ修行が足りませんが、うまく道具を利用して、心がけておきたいと思います。

3 「使い捨て」も便利に使う

・水拭きシートやメラミンスポンジ、ダスター

「使い捨てなんてもったいない」。以前の私はそう思っていました。

何でも使い捨てにするのが悪いような気がして、バケツに水を汲んで、雑巾を洗って掃除をしていました。笑えないのですが、大掃除のときは、何度もくり返して洗うものだから、よく手首を痛めていました。

しかし、使い捨ての便利さに気がついてしまったのです。


わが家で使用している、使い捨てのものです。

・使い捨て水拭きシート

揚げ物をした後のキッチンは、油ハネも気になります。そこで、使い捨て水拭き用のシートの登場です。

お皿を洗って、一番最後に床も拭いておきます。

雑巾を洗っていては、これまた、めんどくさいが顔を出すことになるので、キッチンのシンク下に、水拭きシートをすぐに取り出せるようにしています。

窓のレールは、拭けば真っ黒になる場所。雑巾を洗うことをためらうくらい、砂ボコりで汚れています。そんなときにも、拭いたらゴミ箱にポイッ。気軽に掃除ができます。使い捨てがもったいないと言われれば、それまでですが、私にとっては気軽にできて、キレイになることに軍配が上がります。

・キューブ型のメラミンスポンジ

100円ショップでも手に入ります。切らずにそのまま使える便利なサイズです。トイレの手洗い器を磨いたり、排水口の汚れを落としたり、くり返し使うことをためらう場所に使用します。水だけでキレイに汚れが落とせます。猫用の食器を洗うのにも使っています。

・不織布のダスター

不織布のダスターといっても、ピンとこないかもしれません。フードコートなどに置かれている、ピンクやブルーのダスターといえば、おわかりになるでしょうか？

換気扇のフードや冷蔵庫の上、キッチン家電を磨くときなどに使用します。汚れがひどいものでも、あとは捨てるだけなのでラクチンです。

通販ロハコ限定の、無印良品の業務用キッチンダスターを愛用しています。ピンクやブルーの派手な色ではなく、グレー色がお気に入りです。

・ハンディモップ、フローリングシート

長く伸ばせて、クーラーやカーテンレールの上にも届く、ハンディモップを使用しています。

ホコリをまき散らすハタキとは違って、ホコリを吸着してくれます。

そして、一番よく使うのが、フローリングシートです。猫の毛もしっかりとれ、音を立てずに掃除ができるので、夜の掃除にも便利です。

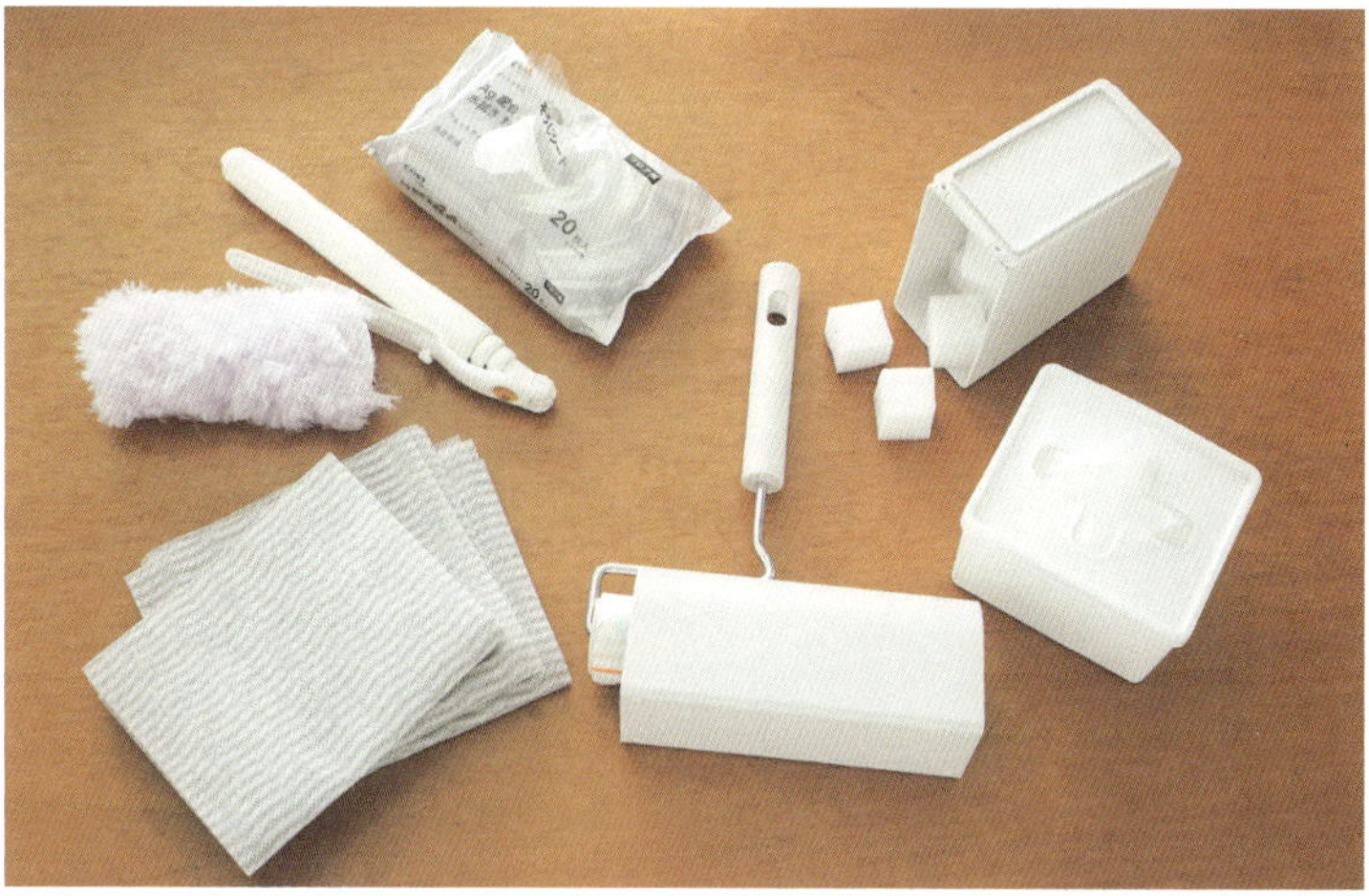

便利な使い捨て用品。水拭きシート、キューブ型メラミンスポンジ、フローリングシート、カーペット用粘着シート、不織布ダスター、ハンディモップ。モップは取り外せる。

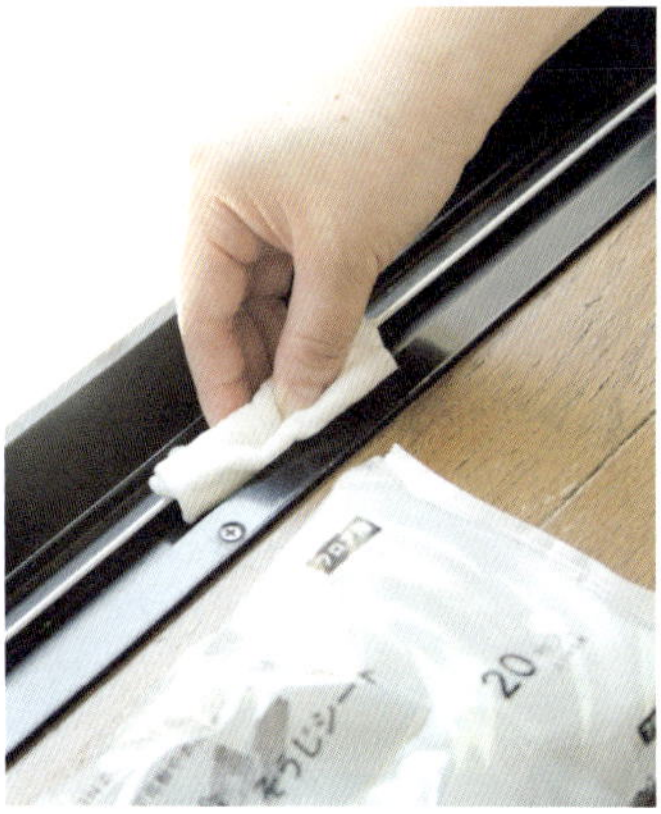

窓のレールは知らぬ間に汚れる部分。カインズホームの水拭きシートで。

アルカリ電解水（水ピカ）とダスターの組み合わせで、簡単にスッキリ。

・カーペット用粘着シート

通称コロコロ。ラグの髪の毛をしっかり取ってくれるシートは、わが家の必需品。ミニサイズも、すぐに手に取れる場所に置いています。次に使うときのため、端を少し折り曲げておくと、剥がしやすくなります。

使い捨てのメリットは、掃除がラクに簡単にできること。汚れのひどい雑巾を洗うのは大変ですが、使い捨てなら、どれだけ汚れても、ポイッと捨てることができます。掃除がしやすくなる環境を作って、汚れを溜めないようにしておきます。

決してエコではないのですが、時間も大切なもの。短時間で、ササッとキレイになるとうれしいですよね。家の中がキレイに保てるように、うまく使い捨てを使っていきましょう。

4 光るところは、光らせて

・キッチンの蛇口や電子レンジ、冷蔵庫の取っ手をひと拭き

キッチンの水道の蛇口の水垢。毎日使う場所だから、目にする機会も多く、気になります。

水垢の正体は、水道水に含まれるカルシウムやミネラル、マグネシウムなどの成分が混ざりあったもの。放置しておくと、固くこびりついてやっかいな汚れに変化します。

夜、キッチンを片づけた一番最後に、吸水性の良いマイクロファイバータオルで、さっと一拭きしておきます。力も洗剤も必要ありません。たったこれだけで、キレイを保つことができます。

必要なことは、毎日拭くこと。掃除術もいりません。

毎日するって、ちょっとめんどうに感じますが、習慣にしてしまえば、拭かないと気

キッチンを片づけた後の毎日の習慣は、蛇口の拭き上げ。ピカピカに。

ビストロ先生キッチン万能ふきんで、家電も拭き跡なし。

持ち悪いと思えるようになります。

キッチンに何も置かないから、ちょっとした汚れでも、とても目立ってしまいます。電気ポットやトースター、電子レンジの扉、冷蔵庫の取っ手。

手垢や指紋がつきやすい場所です。ピカピカに光っていると、とても清潔に見えます。磨けば光るころは、ピカピカにしておきます。

もたない暮らしのキッチンは、清潔を保つことにも一役買ってくれています。

・鏡を磨くと掃除のやる気がアップ

なんだか掃除のやる気が出ないなぁ……。そんなときは、鏡を磨いてみてください。洗面所の鏡や手鏡、アイシャドウやチークケースに付いている小さな鏡まで。磨けばすぐにピカピカになる鏡は、簡単に効果を実感できて、他の場所もキレイにしておきたい気持ちが湧いてきます。

スマホやパソコンの画面も、効果がありますよ。

掃除は、「心を磨く」と言います。

自分の心を磨くためにも、毎日の習慣にぜひ、取り入れてみてください。

神社の鳥居をくぐったときに感じるスーーッとした空気を、家で感じることができるように。清々しい空間に身をおけば、清々しい気持ちになります。

5

換気扇はフィルターを付けて大掃除ゼロに

・「予防掃除」が掃除をラクにする

換気扇掃除は、億劫に感じる家事のひとつです。キッチンの換気扇掃除は、大掃除の定番。テレビでも大掃除特集が組まれるなど、注目されています。キッチンの換気扇に関しては、お料理をしながら見る機会も多いかと思いますが、洗面所やトイレの換気扇となったらどうでしょう……。

天井近くに付いている洗面所とトイレの換気扇を、まじまじと見たことがありますか？　上を見上げるとびっくり！　とても汚れていることがあります。これでは、ちゃんと換気ができているのか不安が残ります。

椅子を持ってきて、不安定な姿勢で奥のホコリをかき出す。そうしているうちにホコリが舞って、床に散らばり、掃除しているのか汚しているのかわからない状態に……。

キッチン換気扇フィルターは、大容量のものを自分でカットして使用。

100円ショップの換気扇フィルター。マジックテープよりテープが簡単。

毎回こんな掃除をするのなら、もっとラクにできる方法はないかと考えました。

ちょっと先回りして、汚れないように対策をとっておくことにしました。

汚れを防止するため、換気扇の外側にフィルターを貼りました。フィルターは100円ショップにも売っています。換気扇サイズにハサミで切って、シールのようにペッタリと貼りつけるだけです。

フィルターを貼っておくと、奥の換気扇の羽根部分がまったく汚れていませんでした。たった1枚のフィルターで、掃除の手間を省けるようになりました。
空気が流れる換気扇を、いつも目指しておきたいものです。

・交換日はあえて決めない

毎月1日はキッチンスポンジ交換とか、月に1回はフィルター交換とか、決まりごとを作って家事をされている方もいらっしゃるでしょう。

そうすることで、忘れることなく交換ができて、便利だと思います。

けれども、私はあえて交換ルールを決めていません。

決めていた日にやれなかったら、「できなかった」という気持ちが強くなって、楽しくなくなるからです。「やりなさい」と決められるより、「できた！」と思える方が、楽しく家事ができます。なんだか子どもの勉強といっしょですね。

やりたいと思える自分の気持ちを大切にしたいのです。

（……と言っても、決まりごとを作ってもすぐに忘れてしまう、というのもありますが……）

6

一度塗るだけで3年洗面所が汚れない「コーティング」

・1000円で買え、簡単に扱えるコーティング剤

洗ってもとれない汚れが蓄積して、老朽化が目立つ築20年超えの洗面台をリフォームしました。水回りの一番、気になっていた場所です。

新しくなった洗面台はとても明るくて、毎朝洗面所に立つのがうれしくなりました。

これから何年も使っていくことになる洗面台。なんとかキレイな状態をキープできるように、考えました。

それは、「汚れる前に、汚れを防止する作戦」。

簡単に汚れが落ちるように、洗面台の「コーティング」をしました。コーティングしておくと、厚い膜ができて、水を弾き、汚れが落としやすくなります。

高い業者に頼まなくても、ホームセンターで、洗面台のコーティング剤が1000円

前後で売っています。

いつものように掃除した後、クリーナーを塗り込み、下地を整えて水洗い。しっかり乾燥させたあと、コーティング剤を奥から手前に延ばして、3時間放置。6時間で完全に硬化します。

ピカピカな仕上がり。コーティング効果が3年間長持ちするそうです。

・放っておけばおくほど汚れは頑固になる

コーティング剤は塗るだけだから、誰でも簡単に使えます。

あらかじめコーティング剤を塗り込んでおくことで、水がするんと滑り落ちるようになりました。そのため、汚れが停滞しにくくなり、掃除がしやすくなって、大満足な仕上がりとなりました。

リフォームから1年後、リフォーム会社の担当の方が、洗面所の点検に来られました。「1年経っても新品のままですね」と、とてもびっくりされていました。

定期的にコーティング剤を使って、新品のような洗面台を保ちたいと思います。

洗面所のコーティング

和気産業　洗面用コーティング剤。手袋とクロスも付属しています。

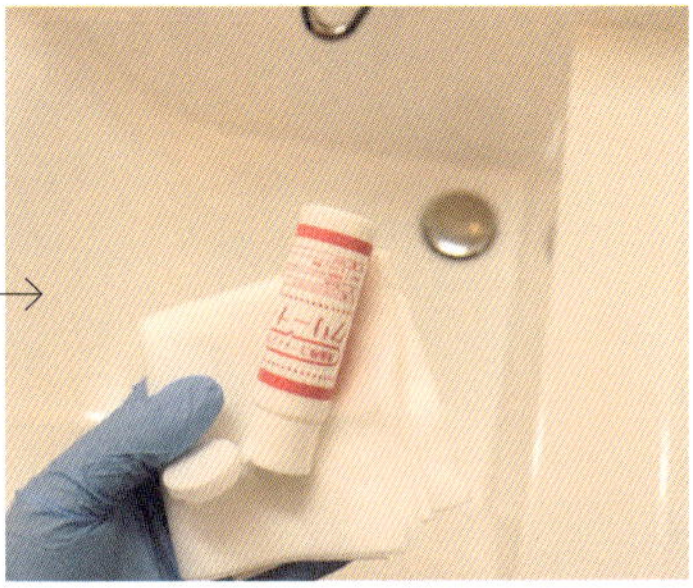

洗面所の汚れを落としたら、クリーナーでこすって下地を整えます。

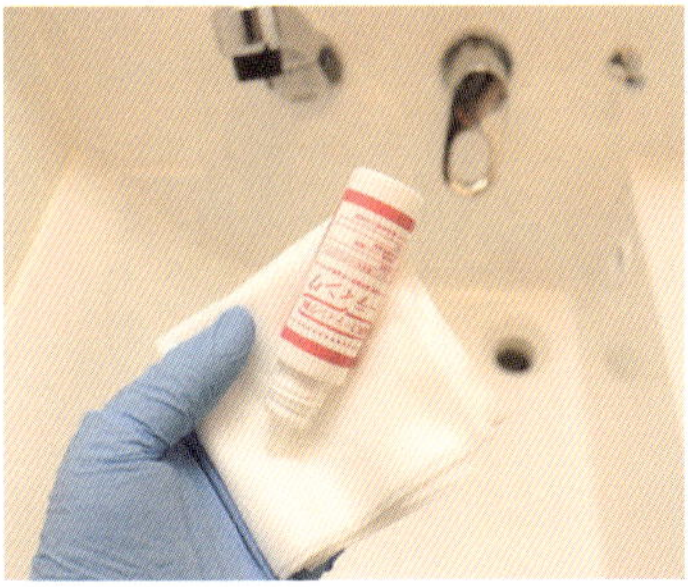

奥から手前に往復せずに伸ばして。3時間で使用でき、6時間で完全硬化。

水洗いし、タオルで拭いて乾燥させたら、次はコーティング材を。

うっかり汚れを溜めてしまうと、頑固な汚れになって手に負えないことありますよね。放っておけばおくほど、汚れと戦うことになります。

掃除が嫌いな理由の中には、「時間がかかる」が上位に挙げられるようです。

忙しい毎日だから、少しでも早く掃除を終えたいこと、私もとってもわかります。

汚れる前に予防する「予防掃除」は、家事の負担を軽くして、時短にもつながります。

7

お風呂掃除は雑巾1枚でサッと撫でるだけ

・水分を残さないのがポイント

嫌いな家事、ランキング上位常連の「お風呂掃除」。

私もお風呂掃除が嫌いでした。コンタクトを外してお風呂に入るので、よく目が見えていないのをいいことに、細かな汚れは見て見ぬ振り。毎年、重い腰を上げて大掃除していました。

強い洗剤を使って、ゴシゴシ洗い。時にはスチームクリーナーを出して、念入りに。寒い季節に、とても嫌な作業でした。

「もう大掃除はしたくない！」と一念発起。大掃除を、毎日のお風呂掃除ルーティンに変更しました。


浴槽は、洗剤のいらないブラシで洗い、洗い場はマイクロファイバーの雑巾1枚で、サッと撫でるだけ。水分を拭き取り、水道の蛇口も拭いておきます。

ポイントは、水分を残さないこと。

放っておくとヌメヌメする排水口も、取り外して、さっとひと撫でして、中の部品も毎日洗います。触りたくない排水口も、毎日洗うから、ヌメヌメとはさよなら。

洗面器や、風呂椅子、シャンプーラックは、窓辺に干して。これで完了。梅雨時などは除湿機をかけることもあります。

・汚れやすい排水口のフタは外してしまう

排水口の掃除を手助けするために、「排水口のフタ」を取り外しました。

（小さい子どもがいると、足を滑らせて危ないのですが、わが家は大人ばかりの暮らしなので大丈夫です。小さいお子さまがいらっしゃる方は、ご注意ください）

フタを取り外したことによるメリットが、2つあります。

1つ目は、取り外してしまうことで、フタを洗う手間が省けること。部品は、ひとつでも少ない方が時短になります。

狭いお風呂の収納は、壁面に。水切れがいいように、洗顔などのチューブ類や掃除道具は、フックでタオルハンガーに吊り下げています。

2つ目は、髪の毛が絡まってもすぐに目視できること。見えることで、すぐにお掃除できるようになります。

排水口に絡まる髪の毛は、とても取りにくいですよね。私は「髪の毛くるくるポイ」という商品を使っています。髪の毛がくるくるまとまって、ティッシュで包んでポイ。簡単に捨てられるようになりました。

毎日雑巾で拭いていても、なんだかスッキリしないときは、酸素系漂白剤（オキシクリーン）を使って、つけ置き洗浄します。浴槽の残り湯に風呂椅子や洗面器、浴槽のフタを入れて、ほったらかし掃除をします。

さっと洗い流すだけで、キレイになります。

排水口の部品もすべて取り出し、毎日洗います。お風呂掃除に使っているのは、プラスマイナスゼロのマイクロファイバーの雑巾。水滴を残さないように、拭きあげます。

髪の毛がまとまるフィルターを使用。排水口フタは外し、掃除の手間を省いて。

お風呂の残り湯に酸素系漂白剤を入れて、つけ置き洗い。お湯の方が効果あり。

おわりに

日本中のどこにいても、いつ起こってもおかしくない地震。

テレビから地震速報が流れるたびに、次はどこ?と、ドキドキしながら見守ります。

阪神淡路大震災の経験が、「もたない暮らし」の根底にあります。

大きな揺れで家の中は、モノが散乱し、ガラスは割れ、戸棚のモノは落ち、冷蔵庫が大きく動いていました。ニュースでは、高速道路やビルの倒壊。大好きな街は瓦礫の山へと。モノが一瞬で壊れていく儚さも目の当たりにしました。

ゴーッという地響きの音、どこかの火災でヒラヒラ降ってきた黒い灰、食器棚から飛び出した、粉々に割れたお皿……。あのときの光景は今でも目に焼きつき、思い出すと胸がぎゅっとするのです。


震災後に結婚して、2人の娘に恵まれました。

大切な命を授かって、せめて家の中は安全に暮らしたいと願いました。「私が家族の命を守る」。そう誓いました。

大きな家具は、人の命も奪っていきます。そこに家具がなければ、助かった命があります。

わが家の寝室には、いっさいモノがありません。これは地震から身を守るためです。もし、あなたの家に本棚やタンスがあるなら、今すぐ家具を固定してください。地震によるケガの原因は、約30~50%が家具の転倒、モノの落下によるものだそうです。もし、不要なものが家の中にあふれているのなら、早く処分してください。避難するときにも、それが邪魔をしてしまいます。

ある日スマホから、緊急地震速報が鳴り響きました。緊急地震速報は、大きな地震の発生直後、揺れが到達する数秒から数十秒前に、警報音で知らせてくれます。あの音を聞くと、身がまえ、心臓がドキドキします。

地震発生時、リビングにいました。地震が来る前の数十秒、大丈夫、ここには落ちてくるモノがないから大丈夫、と思うことができました。

どうか家の中を一番安心できる場所にしてください。

２０１６年の熊本地震をご経験された、ブログの読者の方よりメールをいただきました。私のブログを読んで、「もたない暮らし」に取り組むようになり、モノを減らされていたそうです。

「よそのお宅が後片づけの真っ最中にも、家の中でゆっくり過ごすことができたのは、もたない暮らしのおかげです。ありがとうございました」

と書いてくださいました。

この連絡をいただいたとき、本当にブログをやっていて良かったと、心の底から思いました。「もたない暮らし」を実践し、安全にお過ごしいただけたこと、ブログを発信している者として、こんなにうれしいことはありません。

落ちてくるものは、ありませんか？

倒れてくるものは、ありませんか？

ご家族の安全を「もたない暮らし」で守っていただけたらと思います。

〈 著者紹介 〉

riamo*（リアモ）

神戸市在住。ライブドアブログの公式ブロガー。ブログ「やさしい時間と、もたない暮らし」は長期にわたり月間100万PVを達成。
楽天ブログの時代から10年以上続く当ブログでは、毎日の暮らしをちょっぴり豊かにするモノ選びや、よけいなモノを持たない暮らし、大切な食生活などをつづり、多くのファンがついている。にほんブログ村「ミニマルライフ（持たない暮らし）」ジャンルで1位（2019年11月現在）。
愛猫2匹の成長を記録するブログ「やさしい時間と、ねこ暮らし」も人気。本書は初の単著、全ページ書き下ろし。

「やさしい時間と、もたない暮らし」 http://yasasii-jikan.blog.jp
「やさしい時間と、ねこ暮らし」 http://blog.livedoor.jp/ame28_06/

デザイン　マルサンカク
イラスト　ナカイミナ
撮影　上岡エマ
写真提供　riamo*
編集担当　水沼三佳子（すばる舎）

「もたない暮らし」の始め方

2019年12月15日　第1刷発行

著　者――riamo*
発行者――徳留慶太郎
発行所――株式会社すばる舎
東京都豊島区東池袋3-9-7 東池袋織本ビル　〒170-0013
TEL03-3981-8651（代表）　03-3981-0767（営業部）
振替　00140-7-116563
http://www.subarusya.jp/
印　刷――ベクトル印刷株式会社

ISBN978-4-7991-0865-9